Salvatore Garden

* 책에 언급되는 식물의 이름은 국가표준식물목록
  (www.nature.go.kr)을 기준으로 정리했습니다.
  등록되지 않은 식물의 이름은 《RHS Encyclopedia
  of Plants & Flowers》(DK Publishing), 'Thompson
  & Morgan'(www.thompson-morgan.com), 'Plant
  World Seeds(www.plant-world-seeds.com)'를
  참고하거나 발음나는 대로 표기했습니다.
  일부 식물은 일반적으로 통용되는 라틴어 학명
  속명을 식물 이름으로 표기했습니다.

* 본문의 작은 명조체는 저자 주이며, 작은 고딕체는
  편집자 주입니다.

* 책에 실린 사진은 모두 저자가 20년 동안 대관령에
  살면서 촬영한 것입니다. 서문에 실린 그림은 모두
  심윤하의 작품입니다.

대관령 정원사의
전원생활 예찬

살바토레정원에
꽃이 피었습니다

글 사진 윤민혁

목수책방
木水冊房

시들지 않는 꽃, 아내와 아버지
그리고 캐나다에 있는 딸과
내 영혼의 친구 엄마
멀리 있는 텍사스 형에게

"그리고 무엇보다 초롱초롱한 눈으로
주위의 세상을 관찰하렴.
언제나 최고의 비밀은
가장 일어날 것 같지 않은 장소에
숨어 있는 법이니까.
마법을 믿지 않는 사람들은
결코 마법을 발견할 수 없단다."

로알드 달, 《민핀The Minpins》

글을 시작하며

해 질 녘, 정원은 사랑스러웠다
강산이 바뀌도록, 당신의 눈동자처럼,
하루하루 불안이 이어질 때 정원에서 흙을 만졌다
당신의 머리칼은 뜰의 튤립이었고,
당신의 어깨는 고혹적인 자태의 수선화였다
작약과 루피너스는 트럼펫을 불었다
당신과 꿈을 꾸듯이 20년 동안 정원을 만졌다
이제, 펼친다, 꿈과 밤 사이, 낮과 바람 사이
꽃들이 당신에게 말을 걸어왔다

이지적이고 차갑도록 매력적인 당신에게

운이 좋아 일찍 자발적으로 담담하게 유배지를 선택했다. 귀촌한 후, 여러 어질고 현명한 옛사람의 발자국을 좇듯 대관령 대자연을 향해 걷고 또 걸었다. 어려서부터 인적 드문 오래된 골목길과 들판을 좋아했다. 동해로 향하는 길목, 잿빛 면사무소가 위치한 척박한 어느 산골 마을. 양떼가 만들어 내는 이국적 풍광이 내 가슴을 흔들기 시작했다. 30대 초반이었다. 그때까지 내가 알고 있던 대관령은 용평스키장, 고랭지 밭, 오대산 전나무숲 정도였다. 혼자 그곳에 다녀온 후, 아내와 다시 대관령을 찾아갔다. 애수가 깃든 고요한 풍경 속에 빠져 우리는 홀연히 귀촌을 결심했다. 그렇게 백두대간 대관령이라는 숲에 빠져든 도시 남자의 하루하루는 감탄과 충격의 나날이었다. 가도 가도 끝없이 펼쳐진 광활한 들과 높은 산을 보며 행복하기도 했으나, 때때로 적잖이 불안을 느끼기도 했다. 하지만 늘 자연 앞에서 숙연한 마음이 들었다.

약 3000제곱미터900여 평에 달하는 토지를 구입해 짐을 싸서 산골로 들어오니 도시의 잔여물은 점점 내 가슴속에서 사라져 갔다. 딸아이가 세 살 때였다. 육체와 정신이 이 산골이 가진 의연함에 차츰 맞추어져 갔지만 시골살이는 어려웠다. 생각지 못한 고통과 불안이 자주 나를 엄습해 왔고, 화전민의 후예인 이곳 사람들과 어울리기가 그리 쉽지 않았다. 세월이 흐르며 오만하고 패기에 찬 젊은 날의 나도 자연에 흡수되기 시작했다. 흐르는 시간 속에서 대관령 사람들과 차분히 만남을 이어 가며 그들의 일부가 되었다. 어디나 사람 사는 곳에는 늘 문제가 있다는 옛말처럼 해를 거듭할수록 온갖 풍랑과 이름 모를 폭풍을 만나기도 했지만, 자연은 여전히 청색 바다처럼 경이로웠다. 방황하는 30대를 거쳐 40대의 나는 그렇게 대관령 예찬론자가 되었다. 해 질 무렵의 상흔과 고요 속에서 소설가와 시인의 마음이 바람처럼 불어왔고, 학창 시절부터 좋아했던 클래식은 나를 진정시켰다.

우리가 운영하는 '대관령 살바토레 게스트하우스'이하 살바토레에 전 세계에서 손님들이 찾아오기 시작했다. 클래식과 빈티지 음향기기, 식물과 책, 걷기와 사유, 정원과 숲을 사랑하는 사람들. 비슷한 결의 사람들이 하나둘씩 하루에 몇 팀씩 우리를 찾아오니 소소하게 행복했다. 식물과 정원을 좋아하는 사람들, 숲속에서 산책하며 사색을 즐기는 사람들, 클래식에 심취해 빈티지 음향기기를 수집하는 사람들, 꿈결 같은 문장이

가을

시작하며

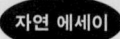
자연 에세이

2015 여름 '책으로 따뜻한 세상 만드는 교사들'
청소년 추천도서

서울 사는 나무
장세이 지음 2015. 05

도로 옆, 공원, 궁궐에 터 잡고 우리와 함께 살아가고 있는 나무들에 관한 이야기. 우리 곁의 큰 생명인 나무를 올려다보며 생명 존중과 인간성 회복의 의미를 되새기게 하는 책이다.

우포늪, 걸어서
손남숙 지음 2017. 03

창녕에서 나고 자란 시인이 10여 년 동안 우포늪에 깃들여 사는 생명들을 만나면서 느낀 것들을 글과 사진에 담은 책. 자연과 그 안에서 함께 살아가는 생명들을 사랑하는 방법을 이야기하는 책이기도 하다.

단순하지만 충만한, 나의 전원생활
빌린 클링켄보그 지음 황근하 옮김
2018. 05

제2의 헨리 데이비드 소로라 불리는 저자가 뉴욕 업스테이트 지역의 작은 농장에서 11년 동안 쓴 전원일기. 〈뉴욕타임스〉에 기고한 '시골생활'을 주제로 한 칼럼을 엄선해 엮은 책으로, 무뎌진 삶의 감각을 깨우는 아름다운 문장이 이어진다.

2019 세종도서 교양부문 선정

서울 화양연화
김민철 지음 2019. 04

주변에서 흔히 볼 수 있는 식물에 관한 흥미로운 이야기들이 담겨 있다. 저자는 독자들이 쉽고 재미있게 식물에 다가갈 수 있도록 한국 소설에서 주요 소재 또는 상징으로 나온 꽃을 찾아 이야기를 풀어 가는 작업을 하고 있다. '식물 초보자'를 위한 훌륭한 안내서다.

2019 출판콘텐츠 창작 지원 사업 선정작

나무, 이야기로 피어
손남숙 지음 장서윤 그림 2019. 09

우리 곁의 나무와 그 나무에 깃들여 사는 수많은 생명들을 애정 어린 눈으로 바라보며 살아가는 시인이 써내려 간 나무 에세이. 특정 장소에 뿌리 내리고 사는 나무의 몸에 새겨진, 누군가의 소소하지만 의미 있는 삶의 이야기를 들려준다.

2021 출판콘텐츠 창작 지원 사업 선정작

자연을 사랑하는 법
이순우 지음 2022. 01

수십 년간 자연을 향한 자신의 사랑을, 볼 때마다 느끼는 경이로움과 신비함을 표현하기 위해 색연필과 펜을 든 한 아마추어 자연주의자의 순수한 자연 사랑이 담긴 글과 그림의 기록이다.

산책의 언어 *리커버 특별판*
발견하고 경험하게 하는 자연의 말들
우숙영 지음 이민선 그림 2022. 08

자연에서 보고, 경험하고, 느낀 것들을 몇 개의 단어로밖에 설명하고 묘사할 수 없는 사람들을 위한 '사전에세이'. '단어'를 통해 자연에 더 가까워지고 연결될 수 있도록, 자연과 맺는 관계가 더 풍성해질 수 있도록 돕는 책이다.

소박하고 아름다운 정원 이야기를 담은 책. 개인의 식물 가꾸기가 어떻게 마을 공동체에 영향을 주는지도 보여 주며, 부여가 자랑하는 소중한 생태·문화자산 정보도 소개한다.

자연정원을 위한 꿈의 식물
피트 아우돌프·헹크 헤릿선 지음
오세훈·이대길·최경희 옮김 2020. 06

'새로운 여러해살이풀 심기 운동'을 일으킨 두 명의 선구적인 정원 디자이너가 함께 쓴 여러해살이풀 안내서. 여러해살이풀들을 이용해 생명력 넘치는 아름다운 '자연정원'을 만들려는 이들에게 영감과 도움을 주는 책이다.

식재디자인
새로운 정원을 꿈꾸며
피트 아우돌프·노엘 킹스버리 지음
오세훈 옮김 2021. 09

현대 정원·조경 분야에서 주목받고 있는 '자연형 식재'의 모든 것이 담긴 책. 특히 여러해살이풀 중심 식재와 정원 만들기의 장점과 가치를 알린 세계적인 정원디자이너 피트 아우돌프의 식재디자인 방법을 집중 조명한다.

후멜로
피트 아우돌프의 삶과 정원
피트 아우돌프·노엘 킹스버리 지음
최경희·오세훈 옮김 2022. 07

네덜란드 시골 마을 후멜로에서 시작하여 세계적인 식물·정원전문가로 성장한 피트 아우돌프가 지나온 삶의 여정을 살피며, 그가 선구적 역할을 한 여러해살이풀 중심의 자연주의 식재 트렌드가 어떻게 변화해 왔는지도 살핀다.

찍박골정원
신나는 실패가 키운 나의 정원 이야기
김경희 지음 2023. 06

인제 찍박골정원을 만들고 가꾸는 정원사가 식물과 정원에 '진심'인 사람들에게 전하는 '발로 배운 가드닝'에 관한 기록이다. 10년에 걸쳐 아홉 개의 정원 조성하며 겪었던 '소중한 실패'와 그 실패로부터 배운 가드닝 지식이 담겨 있다.

아름답고 생태적인 정원을 위한
자연주의 식재디자인
나이절 더닛 지음
박소현·박효근·주이슬·진민령 옮김 2024. 01

생태적이면서도 사람들의 마음을 움직이는 아름다운 정원, 최소한의 자원을 투입해 최고의 효과를 거두는 지속 가능한 식재가 어떻게 가능한지 풍부한 사례와 함께 그 방법을 소개하는 '자연주의 식재디자인' 안내서다.

구근식물 식재디자인
자클린 판데어클루트 지음 최경희 옮김
2024. 03

세계적인 구근식물 식재디자이너의 오랜 경험이 녹아 있는 구근식물 안내서. 한 해 동안 자라는 구근식물에 관한 정보를 개화 순으로 소개하는 이 책은 구근식물의 종류, 식재 방법, 유용한 도구, 색상별 조합 등은 물론이고 다양한 식물과 어울리는 계절별 식재 조합도 소개한다.

에세이 시리즈

(읽는) 사람 01

강의모의 책 읽기 책 일기
**살아 있는 한 누구에게나
인생은 열린 결말입니다**

강의모 지음 2019. 12

라디오 독서 프로그램의 작가로 일하고 있는 저자가 '책 읽기'를 주제로 쓴 글을 모아 엮은 책이다. 그동안 책을 매개로 만난 사람들의 이야기는 물론 연결하고 확장시키며 창조하는 독서의 힘과 책 읽기가 선사하는 기쁨을 되새기게 하는 글이 담겨 있다.

(읽는) 사람 02

낭만과 노래 사이

장유정 지음 2020. 12

나를 위로해 주는 다정한 노래, 다시 살아갈 수 있도록 힘을 주는 따뜻한 노래! 노래하는 대중음악사학자 장유정이 읽는 '삶과 사람과 노래'에 관한 스무 편의 글이 실려 있다.

[그리는] 사람 01

아는 여자

배미정 지음 2021. 05

작가가 그림과 글로 말하고 싶은 주제는 아무도 기억하고 주목하지 않지만 각자의 자리에서 애쓰고 사랑하며 살아가는 '아는 여자'. 내 삶과 중첩되어 나라는 존재를 만들고 있는 '그녀들'의 삶을 말한다.

[그리는] 사람 02

어느 장씨와 어느 이씨가 만나

가족의 시간을 그리다

장서윤 지음 2021. 07

그때 그 시절 다른 가족들의 마음을 상상하며 그린 그림과 글이 담겨 있다. 이 책은 오늘의 '나'를 만들어 준, 서로에게 기대어 살아가게 해 주는 나의 가족을 자연스럽게 떠올리게 한다.

[그리는] 사람 03

불안해서 그립니다

황윤경 지음 2022. 04

그림을 그리며 '불안'이라는 반갑지 않은 친구를 이해하고 받아들이게 된 이야기가 담겨 있다. 이 책은 '불안이 기본값'인 우리 모두에게 변화는 자연스러운 일이라고 말해 주며 위로를 전한다.

木水冊房 | 목수책방

Tel. 070.8151.4255
Fax. 0303.3440.7277
E-mail. moonlittree@naver.com

post.naver.com/moonlittree
facebook.com/moksubooks
instagram.com/moksubooks
smartstore.naver.com/moksubooks

시작하며　　　　　　　　　　　　　　　　　　　　　　　　　011

가득한 책이라는 우주에 무중력 상태로 빠진 사람들을 적당한 거리를 두고 만날 수 있었다. 산골 일상을 살며 때로는 흔들리며 가끔은 혼란스러운 마음도 생겼지만, 아내와 함께 나날이 잘 헤쳐 나갔다. 세 살이던 아이는 초등학교와 중·고등학교를 거쳐 어느덧 성장해 대학에 진학했고, 우리의 '산골 소녀'는 캐나다에서 학업을 이어 가며 결실의 시기를 보내는 중이다.

불협화음 속 느림의 미학을 깨닫게 하며 저절로 마음의 여유를 갖게 해 준 자연은 불면의 우정으로 '나'라는 존재를 확신할 수 있게 해 주었고, 나는 어느덧 불혹不惑을 거쳐 지천명知天命으로 향하고 있다. 2023년, 코로나바이러스감염증-19이하 코로나19 시기마저도 무사히 견디고 매서운 겨울을 이겨 낸 나 자신을 돌아보게 한 유일한 것이 바로 자연이다.

꽃을 일찍부터 좋아했다. 이미 10대 시절부터 꽃이 눈에 들어왔다. 어릴 적 엄마의 정원에서 본 함초롬한 백일홍꽃의 아늑한 느낌을 아직도 기억한다. 본격적으로 나의 정원이 생기면서 여러 식물도감과 식물학 서적을 샅샅이 뒤졌다. 새로운 품종의 식물에 호기심이 생겼고, 고전부터 현대의 책까지 나무와 식물 이야기만 나오면 우선 눈길이 갔다. 이런 관심은 언제부터인가 더 원초적으로 날 흔들었다. 부엽토풀이나 낙엽 따위가 썩어서 된 흙으로, 원예에 주로 사용한다뿐만이 아니라 미래 정원의 단초가 될 씨들마저 나의 머리와 심장을 깨우기 시작했다. 나 자신이 어느 날 식물이 된 것 같았다. 온종일 식물만 생각하기도 했다. 물론 그 시작은 대관령, 끝도 대관령이었다.

정원이 생기고 나서 소소한 취미가 생겼다. 새벽 네다섯 시에 일어나 꽃 사진을 찍고 하루를 열 수 있는 여유가 생긴 것이다. 물론 책도 읽고, 글도 쓰게 되었다. 하지만 정원 일은 웬만큼 해 봤자 티도 나지 않으면서 피곤했다. 언젠가는 불면증에 뒤척이다 깨어 보니 정원에서 장화를 신고 밀짚모자를 쓰고 풀을 뽑고 있었다. 어느 해에는 나도 모르게 땀을 뻘뻘 흘리며 삽이 휘어질 정도로 회양목을 캐고 있었다. '꽃'자만 들어가도 가슴이 뛰었다. 꽃술, 꽃송이, 꽃이삭, 꽃자루, 꽃주름, 꽃차례, 꽃부리, 꽃멀미, 꽃사랑, 꽃연인, 꽃엄마 등. '꽃'이라는 말이 주는 위대한 달콤함은 대단했다.

책에서 본 정원사들은 얼마나 우아하고 고상했던가. 하지만 나는 내 정원에서 가끔 충성스러운 노예가 된 것처럼 일했고, 벌과 나비 들의 놀이터에서 '걸리버' 관리사가 된 것처럼 일했다. 하지만 때로는 멋진 시인이 된 것처럼 호사를 누리는 듯한 기분으로 노동을 하며 콧노래를 부르기도 했다. 이 유리알 같은 마음을 지닌 인간에게 정원은 법적으로 허용된 가장 크나큰 '아름다움'을 누릴 수 있는 곳이었다.

'싸리재'라 불리는 바람의 언덕 아래 칼산 입구에 땅 3000제곱미터 규모의 땅을 사고 산들바람을 맞은 것이 마치 어제 일 같다. 청정고원의 푸른 하늘, 그리고 옥수수 들판에 불던 고요한 바람은 나에게 신비의 대상이었다. 고요한 수풀과 이기적인 관목이, 대관령의 고혹적인 야생화와 토종 장미도 눈에 들어왔다. '당신'의 존재가 이곳에 땅을 사게 했나, 그런 생각마저 들었다. 불시착한 나의 마음은 이곳에 캐나다산 목재로 집을 만들게 했다. 매년 살 수 없을 것만 같게 만드는 미치광이 바람, 당신의 갈색 눈 같은 부드럽고 온유한 바람, 폐까지 녹이는 깊은 청정수, 나비 같은 공기, 거인 같은 우아한 나무, 나만 아는 숲의 적요, 내 안에서 흐르는 차가운 눈물, 다정한 계절의 조응, 애증의 시어머니 같던 꽃, 셀 수 없는 도끼 같은 책, 그리움의 감정을 불러일으키는 아름다운 선율의

음악, 샤갈의 친구이자 '판타스틱'한 내 사랑 말과 함께했다. 이 모든 것이 자연 속 산골생활의 여유가 내게 준 선물이다. 물론 나의 성향도 산골생활과 잘 맞았기 때문에 견딜 수 있었지만, 그런 마음이 흔들릴 때마다 '당신'이 손을 잡아 주었다.

잔디를 깔고 연못을 만들자 개구리와 나비, 고양이와 고라니가 찾아왔다. 어려웠던 시절 마을 이장형이 준 모종판은 왕후의 모종판이었다. 씨를 뿌리니 싹이 나기 시작했고, 다시 호기심이 나의 가슴을 물들였다. 꽃시장에 가서 식물을 사기도 했지만, 어느 때부터인가 희귀하고 다양한 꽃을 봄, 여름, 가을, 마음껏 심을 수 있는 방법은 '파종'이라는 사실을 깨달았다. 인터넷과 책을 보다가 희귀한 식물이 있다는 정보가 있으면 식물원이고 정원이고 다 찾아다녔다. 이렇게 하다 보니 강산이 바뀌었고, 나만의 정원디자인을 다시 하게 되었다. 전 세계에 하나뿐인 나의 정원. 바로 '살바토레와 엘레나의 정원'이었다.

처음 잔디정원에 심은 나무들은 다 정리했다. 멋모르고 심었던 향나무 '가이즈카', 반송소나무의 한 품종으로 밑에서부터 줄기가 여러 갈래로 갈라져 전체적으로 우산 모양이다, 공작단풍, 정들었던 뽕나무, 자두나무, 박태기나무, 사과나무, 다양한 유럽 장미와 수국 품종, 이 모두와 이별했다. 많은 정원사와 식물 친구를 만난 후에 아내와 내가 낳고 기른 정원이 조금씩 자리를 잡아 갔다. 꽃과 우정을 나누면서 정원사 M과 K는 사랑스럽고 좋은 동생이자 훌륭한 원예가로 늘 내 곁에서 형제처럼 지냈다. 그리고 잊을 수 없는 대관령 사나이 C형은 나에게 숲과 나무의 고유한 세계를 알려 주었다.

내가 정원을 사랑하는 수백 가지 이유는 중 첫 번째는 아내를 닮은 진실성 때문이다. 365일 심고 걸으면서 만나는 자연이 보여 주는 변화무쌍한 예술성, 붓을 든 화가들이 날마다 찾아오는 듯한, 지구에 하나뿐인 놀이터이기 때문이다. 나에게 정원은 수백 종의 식물을 심어도 다 포용해 주는 엄마 같은 마음을 품고 있으며, 항상 소년처럼 살아가게 하는 상상력의 들판이다. 책을 읽으며 꿈꾸었던 모든 것이 이루어지는 장소가 바로 나의 정원이다. 정원은 매일 일해야만 '그대로'인 창조적 예술이다. 언제나 천의 얼굴을 보여 주는 자연은 혹독한 실패를 경험하게 해 주는 상처의 들판이기도 하다.

우리나라 전통 정원부터 영국 코티지 가든 스타일까지 우리는 두 번에 걸쳐 정원을 만들었다. 그 혹독한 시간을 지나며 100년 전 이미 앞서간 유명한 정원사의 말대로 인내하면서 10년 이상 기다려야 했다. 그러고 나서야 춥고 척박한 곳에서 땀과 눈물을 흘리면서 만든 아담한 초화류 정원을 매일 여행할 수 있었다. 씨를 뿌린 이곳에서 실패의 시간을 거치고 나서야 우리에게 '이브'들이 각각의 색으로 멋지게 찾아왔다. 이곳을 찾은 사람들은 감동했다. 박수를 치고 환호성을 질렀지만 때로는 냉소적이고 비판적이었던 유령들이 내 심장을 아프게 관통하기도 했다. 때로는 혹독한 비판자 같았던, 때로는 엄마 같았던, 때로는 사랑스러운 친구 같이 영원할 것 같았던 색의 심장을 이제 당신에게 건넨다.

정원은 좋아하는 화가 샤갈이 정원에 나타나 (그것도 자주) 1000호짜리 그림을 매일 유화로 그려 주는 느낌이었다. 들쭉날쭉하게 자란 식물들은 너무 아름다웠고, 정원은 그들이 만들어 낸 눈물이자 환상의 빛이었다. 하루 종일 빛에 따라 정원의 색감이 달라졌다. 어느 해인가, 밤느정이밤나무꽃를 보고 싶어 밤나무를 심어 보았지만 실패했다. 열매가 열리지 않았다. 내한성추위를 견디어 내는 성질이 늘 발목을 잡았다. 매일 새벽에 일어나 그 경이로운 모습을 기록했다. 겨울눈이 대기할 때, 꽃대가 올라올 때, 잎눈과 꽃눈이 터질 때, 순수한 꽃이 필 때, 잎과 꽃차례를 보여 줄 때, 열매가 달릴 때 모두 사진을 찍었고, 10년 이상 기록하니 수만 장의 사진이 외장하드와 노트북에 쌓였다. 화형花形, 화서花序, 모두 신비의 모습이었다.
뒷산에 들어가도 마찬가지였다. 이 고산지대 식물의 꽃들은 눈부셨다. 얼마나 아름다운지 매일 틈만 나면 들어갔는데, 말도 안 되게 요정 같은 야생화들이 날 반겼다. 둥근털제비꽃, 얼레지, 꿩의바람꽃, 모데미풀, 올괴불나무, 댓잎현호색, 산괴불주머니, 처녀치마, 복주머니란, 삼지구엽초, 중의무릇 등 뒷산에는 이 지방 고산지대 희귀 야생화들이 보란 듯이 자리하고 있었다. 자주 도감을 들추어 보면서 일반적으로 사용되는 이름과 이곳 지방에서 부르는 특이한 이름을 익혔고, 영어 이름과 종소명과 속명으로 이루어진 학명을 외우고, 이 식물이 어느 계통에 속해 있는지 식물 분류계도 확인했다. 물론 처음에는 그 꽃이 그 꽃이고, 그 잎이 그 잎처럼 보였다. 이름도 마찬가지다. 지금도 그렇다. 하지만 관심과 호기심은 내 눈앞에 있는 아름다움의 변화를 탐구하도록 이끌었다.
식물은 각 종마다 고유한 정명正名이 있다. 그리고 여러 개의 다른 이름, 즉 이명異名이 있다. 언제부터 식물에 미치기 일보 직전까지 가다 보니 학명 즉 스웨덴의 식물학자 린네가 창안한 라틴어 이명법에 관심을 갖게 되었다. 상당히 어렵기는 하지만 눈과 귀에 익숙해지면 그렇게 두려워할 것도 없다. 식물의 학명은 속명과 종소명으로 이루어진다. 나는 속명은 우리 이름으로 치면 성이고, 종소명은 이름으로 편하게 생각한다. 이 라틴어 학명은 발음도 어렵고 헷갈리지만 전 세계적으로 약속된 기호이고 어디를 가도 같기 때문에 익숙해지면 외려 편하다. 속이 같으면 유전적으로 매우 가깝고, 식물의 외모나 생육환경 등이 비슷한 경우가 많다. 그러니 속이 같으면 한 가족 같고, 가까운 사촌 같은 셈이다. 그리고 속명과 종소명, 그 뒤에 붙은 명명자까지 두루 살펴보면 굉장히 흥미로운 사실을 많이 알 수 있다. 학명은 전 세계 하나뿐인, 완벽한 기호다.

꿈의 동산인 바람의 언덕을 매일 달려갔다. 동서남북 오지를 찾아 들어가기도 했다. 멧돼지, 고라니, 오대산 긴점박이올빼미, 수달, 까마귀, 너구리, 들고양이, 각종 희귀 곤충과 커다란 연미복을 입은 듯한 일본잎갈나무낙엽송, 들메나무, 금강송금강산에서 경북 영덕에 걸친 산악지대에서 주로 자라는 질 좋은 소나무의 한 품종, 산벚나무, 잣나무, 마가목, 생강나무, 신나무, 물박달나무, 물푸레나무, 피나무, 자작나무, 거제수나무, 사스래나무, 개벚지나무, 식재한 독일가문비가 나를 맞이했다. 아고산지대해발고도 1300~1900미터에 해당하는 지대로, 바람이 세고 비나 눈이 자주 내리는 아한대기후를 특성으로 한다에서 본 야생화는 사계절 매일 매일 다른 모습을 보여 주었다. 나무 곁가지나 소지작은 가지의 끝이 얼마나 눈부시게 아름다운지, 애수에 찬 형상과 차분한 소리로 그 아름다움을 드러냈다. 매일 그 고요한 숲을 걸으면 가슴에서 바람이 불어 내 심장을 통해 우주로 나갔다가 다시 백두대간 어느 중턱에 도달했다.

정원은 당신의 목덜미처럼 우아했고, 당신의 쇄골처럼 기품 있었으며, 당신의 눈동자처럼 아름다웠다. 하지만 또 어느 날은 바람과 서리가 불친절하게 찾아와 모든 것을 앗아 갔다. 몇 해는 고추바람 때문에 실패했고, 정성 들여 파종해 키운 새싹들이 웃자라기도 했으며, 또 어느 해에는 봄냉해, 무서리와 된서리의 교묘한 공작 때문에 새순들이 무너지기도 했고, 또 어느 해에는 경영난에 허덕여 거름을 주지 못하기도 했다. 처음에는 구근과 씨를 사는 것이 사치일 때가 있었을 정도로, 지금 생각해 보면 정말 매해 어렵지 않은 해가 없었다.

오래전부터 본 풍광과 자연과 식물들의 모습을 내면과 외면에 상처를 입으며 매일 사진으로 담고 기록했다. 이 책은 전문가는 아니지만 풀과 나무, 걷기, 무엇보다 30대 초 귀촌한 후 대관령을 사랑한 어느 산책자의 기록이자 치열하고 충성스러운 정원사의 고백이다. 아내와 정성스럽게 만들어 가는 아담한 정원, 살바토레정원이 국립수목원 선정 '가 보고 싶은 100대 정원'이 되었다. 나의, 우리의 낭만과 노동이 버무려진 이 정원에서 일하는 것이 즐겁다. 오랜 시간 함께한 나의 아내, 눈 큰 '카키 부엉이' 엘레나에게에게 고마움을 전한다. 그리고 엄마, 세상에서 제일 무서운 딸, 그리고 내 영혼의 친구 아버지와 텍사스에 있는 형에게, 종종 무뚝뚝한 M에게 이 아름다움을 전하고 싶다.

2024년 여름,
대관령에서 윤민혁

글을 시작하며   006

1. 나는 정원사입니다

나만의 색을 만드는 예술가, 정원사   024

매일 일해야 '그대로'인 예술   029

행복한 고통을 즐기는 정원사   048

여름 정원에서 일한다는 것   056

정원은 곤충들의 놀이터   062

대관령 정원사의 가을   068

정원사는 가을에 봄을 생각한다   078

정원사는 미래를 산다   084

살바토레정원의 봄꽃   086

2. 꽃을 기다립니다

정원사는 매일 꽃을 생각한다   112

드디어 봄, 식물의 여왕 튤립을 만나는 시간   117

'중간봄'의 요정들   127

장미, 화려한 뉴욕을 닮은 꽃   135

까다로운 미인, 양귀비   142

꽃의 재상, 작약   148

향기로 말하는 꽃, 백합   154

잘 아는 듯 잘 모르는, 무궁화   163

호기심은 씨를 뿌리게 한다   166

살바토레정원의 여름꽃   170

3. 자연의 품에 안겨 걷는 삶

'대관령의 고독한 소년'이 걷는 숲길   210

나는 자연에서 매일 예술가를 만난다   220

나는 두 발로 길 위에 내 삶을 기록하고 있다   226

나의 애인 숲이 싸늘하게 식어 가고 있다   243

단풍의 매력   248

살바토레정원의 가을꽃   252

4. 눈과 바람의 나라 대관령에서 산다는 것

미치광이 바람   268

완벽한 날을 즐기기 위한 설국 산책   276

겨울이 없었다면 봄꽃이 예쁘게 보였을까?   287

대관령에서 사는 것의 즐거움   292

5. 사람과 사람이 이어지는 정원

위로와 치유의 정원으로 찾아오는 사람들   308

정원은 만남이다   316

자연을 닮은 사람, 아내 '카키 앵무새'   328

산골 소녀와 바바, 나의 사랑   334

1.

나는
정원사입니다

나만의 색을 만드는 예술가, 정원사

"아름다움은 어디에나 있습니다.
우리 눈앞에 아름다움이 없는 것이 아니라,
우리의 눈이 아름다움을 못 보는 것입니다.
아름다움이란 성격과 표현입니다."

오귀스트 로댕

완성된 정원이란 무엇일까? 식물이란 무엇일까? 정원디자인이란 무엇일까? 이 질문의 답 앞에는 매일 중노동을 하는 정원사가 있다. 나는 정원사를 독창적 색채를 만드는 예술가로 생각한다. 날마다 아름다운 꽃을 피우는 식물을 생각하고, 나의 정원에 그러한 식물을 키우고 싶어 나름 20년 동안 다양한 숙근초(겨울 동안 식물체의 지상부가 말라 죽고 뿌리만 남아 있다가 봄에 생장을 계속하는 초본식물)와 구근식물, 씨를 전 세계에서 수집하고 모았다. 대륙별로 원산지를 나누어 보니 세계 지리를 공부하며 세계 일주를 한 기분이다(나는 학창 시절 세계의 나라와 수도를 거의 다 외울 정도로 세계 지리를 좋아했다). 이렇게 노력하며 어느 해 눈을 떠 보니 나는 정원사가 되어 있었다. 시인 정원사, 말 타는 정원사, 클래식 애호가 정원사, 소설가 정원사, 사진가 정원사. 아내는 나를 이렇게 다양한 수식어가 붙은 정원사로 불러 준다.
정원은 사계절 예쁘다. 가장 큰 매력은 작년과 많이 다르다는 점인데, 그

'다름'은 감각 있는 정원사가 만든다. 기후와 날씨라는 친구가 자주 까탈과 변덕을 부리기는 하지만, 자연만이 할 수 있는 아름다운 앙탈이다. 또 정원에서 피어나는 꽃들은 정원사의 계획과 노력, 디자인과 식재 순서에 따라 정원이라는 그림을 찬란하게 바꾸어 준다. 그렇기 때문에 이렇게 매년 특별하게 찾아오는 계절의 손님처럼 근사한 것이다. 여하튼 정원은 내년에도 즐겁고 다를 것이다. 이러한 대관령이 품은 모든 창조의 힘과 자유, 나의 모든 것이 합쳐져 정원을 이루고 있다. 사람들은 나를 '대관령의 어린 왕자 정원사', '꿈꾸는 정원사'라 부른다. 정원에서는 누구나 다 소년이자 꿈꾸는 사람이 된다.

꽃이 필 때가 되면 서서히 찾아오기 시작하는 방문객들이 한마디씩 한다. 가끔 우쭐대기도 오만해지기도 하지만 상처로 숨이 막히기도 한다. 식물을 유독 많이 본 방문객들이 이렇게 말하곤 한다. "색감은 전국 최고네요." "어쩜 이렇게 꽃 색이 깊고 진한가요." "여기는 희한한 식물이 많네요." "구석구석 모르는 식물투성이네요." "생각보다 작네요." (4월에 방문해서는) "왜 작약은 없나요, 이게 다인가요?", "여기 말고 어디 정원은 더 크고 예뻐요." "우아하고 단단한 노동을 하고 있네요.", "꿈처럼 살고 있네요.", "고급 취미가 멋져요." "젊은 남자가 꽃을 좋아하네요." "이 식물을 직접 파종해 키운 건가요?"

매년 이런 익숙한 말이 귀에 스칠 때마다 나는 몽롱한 기분이 된다. 속이 뒤집어지기도 하고, 속이 꽉 차기도 한다. 우리 인간 세계가 그러하듯 말이다. 어쨌든 나만의 정원에서 일한다는 것은 매우 환상적인 일이다. 살바토레 투숙객에게만 허용하는 나의 작은 놀이터는 이 세상에 하나밖에 없다. 나아가 대한민국에 이런 정원은 드물다고, 아니 거의 없다고 생각한다. 나는 내 집의, 내 정원의 '왕자'이자 '독재자'다(물론 더 무서운 아내,

카키 앵무새 정원사가 있기는 하다).

나는 날마다 뒤척이며 꿈을 꾸고 새로운 정원에 들어간다. 작은 숲, 막 피어난 꽃, 나무, 잎, 빛, 이 모든 것이 언제나 나를 기다리고 있다. 키를 낮추어 식물의 잎들을 보면 어느 식물은 바람막이숲의 모양이고, 어느 식물은 그 자체로 아름드리나무숲이다. 또 어느 식물은 원시림이고, 어느 식물은 침엽수림이다. 식물 종마다 맡고 있는 역할도 다양하다. 그래서 정원사는 매일 변할 수밖에 없다.

언제나 그렇듯이 정원 안에는 고요와 폭풍이 늘 존재한다. 자연의 얼굴과 인간의 얼굴을 동시에 지닌, 양면성을 가진 몸의 신이 어서 오라고, 여기까지 잘 왔다고 손을 내밀기도 한다. 하지만 남몰래 눈물도 흘린다. 그건 흙을 만지고 식물을 키워 본 사람만이 알 수 있는 감정이다. 작은 정원에서 수백여 가지 식물의 꽃이 피고 지기까지, 4월부터 10월 중순 된서리가 내리고 기온이 영하로 떨어지기 전까지, 나는 이성적 계절과 감성적 기후를 동시에 느끼며, 자연의 잔인함까지도 끌어안고 살아야 한다. 그래서 정원사는 고독하다.

대관령 정원사에게 뒷산 백두대간 산책은 축복이다. 다시 말해 이런 첩첩산중 산골에서 걷는 일은 시골살이가 주는 또 다른 즐거움이다. 내가 생각하는 정원은 여러 모습이 있다. 내 집에 있는 작은 정원, 집 주위를 감싸고 있는 백두대간 줄기에 자리 잡은 자연이라는 정원, 대관령이라는 우주적 정원까지. 정원은 내 곁에 광범위하게 펼쳐져 있다.

산골생활을 시작한 후 새벽 예찬을 하듯 종종 몽유병 환자처럼 걷는다. 대관령의 새벽은 차다. 새벽마다 찬 바람을 맞으며 자연 정원에서 경험

하는 몽롱한 신비와 얼음장 같은 고요는 늘 내 피부를 감싼다. 이 지방은 언제나 변화무쌍한 계절의 심술을 보여 준다. 주위가 온통 나무고 숲이다. 보일 듯 말 듯한 경계의 능선이 멀리서 또는 가까이에서 모습을 드러낸다. 신기루에 가깝다. 대관령은 언제나 나에게 가장 큰 정원이다. 백두대간白頭大幹, 백두산 병사봉에서 지리산 천왕봉에 이르는 길이 약 1470킬로미터의 산줄기를 이르는 말을 내가 품고 있다. 집에서 헤르만 헤세의 정원 산문 《정원에서 보내는 시간》이나 다비드 르 브르통의 《걷기 예찬》을 읽다가, 오늘은 평소에 가지 않는 새로운 길로 들어서기로 한다. 이 지방 특유의 운해雲海가 나의 허리를 감싼다. 이쯤 되면 나도 '폼 나는' 정원사다. 그래서 나는 진짜 '폼 나는' 정원사 피트 아우돌프의 《식재디자인》도 펼친다.

매일 일해야
'그대로'인 예술

초봄이 시작되자 카키 앵무새는 일을 시작한다. 나도 힘을 보탠다. 사실 정원은 돈으로만 되지 않는다. 시간이라는 영양제가 아주 많이 필요하다. 오래전 정원은 그저 흙밭이었다. 아무리 무엇을 심고 씨를 뿌려도 정원의 변화는 답답하게 진행되었다. 원예 관련 책에 나오는 수많은 표본은 완성된 작품에 불과했다. 며칠을 흙밭에서 뒹굴다 보면 허리는 아프기 시작하고, 얼굴은 시커멓게 변하고, 내 눈은 윤기 없는 바둑알처럼 흐리멍덩해졌다. 어떤 날은 너무 힘들어 움직이기도 싫었다. 이래서 꽃은 언제 필까, 늘 그런 생각이 들었다. 가뜩이나 도시생활에 물들어 있던 사람에게 귀촌 후 식물이 꽃을 피우는 시간까지의 과정은 호락호락하지 않았다. 인내심 테스트 대회가 있었으면 1등을 했을 것이다. 정원은 매일 일해야 '그대로'인 예술이다. 예술이라니. 나에게는 그렇다.

서서히 봄이 다가오면 정원사는 머릿속이 해야 할 일로 꽉 들어찬다. 봄을 맞이하기 전 파종 후 발아시킨다. 이것이 일단 하나의 목표다. 파종은 굉장히 섬세한 집중력을 발휘해야 하는 일이다. 파종 후 발아까지 걸리는 시간, 숨 막히는 긴장감과 함께하는 그 인내의 시간. 나는 정원에 우리가 키우고 싶은 식물만 가득 심고 싶어 그 시간을 견딘다.

봄이 오면 정원사는 계산을 해야 한다. 식재 구역 정하기, 파종, 봄 서리 대비, 신품종과 구품종, 꽃이 피고 지는 순서에 따른 식물의 정렬과 배치 등. 이 모든 것을 계산하는 일은 정원사의 몫이다. 나는 또 생각한다. 전 세계에서 하나뿐인 정원을 만들자고, 아니 만들 수 있다고, 시적인 정원을 만들자고 다시 한 번 다짐했다. 나만의 색채가 가득한 그런 정원을, 매일매일 노동해야 하지만 그래도 이렇게 아름다운 노동이 또 어디에 있을까. 대관령에 있는 작지만 하나뿐인 정원을 보기 위해 전국에서 사람들이 올 것이라는 기대로 하나하나 만들기 시작했다.

1차 파종. 날씨가 추워 하우스 파종이 힘들 때는 '바흐의 숲'에서 나무 난로를 가동해 온기를 유지하며 모종을 만든다. 내가 키우고 싶은 특이한 품종을 많이 키우기 위한 방법이다. 매해 영국, 스위스, 네덜란드에서 신품종 씨를 구입한다. 많이는 아니지만 유럽에 직접 가서 씨를 사 오기도 한다. 2차 파종. 지난가을 영국에서 가져 온 녀석들을 심었다.

3~4월은 1차, 2차, 3차, 파종의 시간이다. 번식에 쓰이는 씨를 심거나 뿌리는 일을 파종이라 한다. 작물의 종류, 생육 조건에 따라 여러 가지 파종법이 있다. 종자의 발아는 내적·외적 조건에 따라 영향을 받는다. 영향을 주는 외부 요인으로는 수분, 산소, 이산화탄소가 있는데, 빛과 온도 등 환경조건에 따라서도 영향을 많이 받는다.

일단 발아가 되면 흥분된다. 파종은 내가 키우고 싶은 특이한 품종만 많이 키울 수 있는 방법이기도 하다. 그래야 원하는 꽃이 나의 정원에 가득 피어나게 할 수 있다. 우리는 파종 후 발아의 시간을 거쳐 이렇게 정원에서 볼 꽃들을 만들어 간다. 정원에서는 7차 파종까지 한다. 발아율은 거의 80~100퍼센트에 이른다. 발아 이후 더 세밀하게 관리해야 하지만 이 시간을 위해 쏟는 열정과 노력이 좋다(하지만 아주 오래전 초보 정원사일 때는 발아율 제로를 기록하기도 했다).

사실 정원의 식물은 매주, 매일 다른 모습을 보여 준다. 새싹이 추운 겨울을 뚫고 올라올 때 나는 이 우주가, 이 유배가 주는 쾌락을 맛본다. 초봄 새순들과 미팅이 시작되면 정원의 할아버지 격인 왕자두나무, 배나무, 산사나무, 사철나무, 뽕나무 위로 이름 모를 새들도 경축하러 찾아온다. 새들이 얼마나 노래를 잘하는지, 나와 아내를 칭찬해 주는 것 같다. 그 흔하지 않은 리듬감에 우리는 또 즐겁다. 이 광경은 누가 누가 노래를 잘 부르나, 성악 경연 대회를 하는 것 같다. 이런 찬란하고 동화적인 순간을 경험할 수 있는 곳이 정원이다. 정원은 매일 신비의 세계를 만나게 하고, 꿈을 꾸게 한다. 봄이 천천히 오는 이 계절의 시간을 난 '희붐하다 날이 새려고 빛이 희미하게 돌아 약간 밝은 듯하다'라고 표현한다.

취미로 작은 규모의 정원을 가꿀 때는 더없이 즐거웠으나, 이것이 일이 되고 점점 본격적인 정원 일이 되자 부담감도 슬며시 퍼졌다. 어느 해에는 정원용 작은 삽과 전지가위를 만지기도 싫었다. 어느 날은 가식假植을 하다가 꼬챙이나 삽을 던져 버리기도 했다. 어떤 식물은 생각만큼 꽃대가 올라오지도 않았다. 흙을 만드는 일만 해도 몇 년이 걸렸다. 정말 타샤 튜더Tasha Tudor의 말대로 정원은 참고 12년은 기다려야 한다. 어렸을 때부터 엄마가 좋아한 야생화, 이런저런 꽃을 피우는 마당의 식물과 분재를 보고 자랐는데도 어려웠다. 하지만 자연스럽게 참고 기다리는 마음, 엄마의 감수성이 내 몸 안에 스며들었다.

종묘사나 식물원에 가면 만개한 꽃들이 나를 유혹했다. 꽃으로 가득 찬 카탈로그를 보고 식물을 구입했지만, 사진 같은 풍성함을 보기까지 몇 년은 족히 걸렸다. 특히나 유럽에서 온 씨나 신품종 원예종은 더욱 그랬다. 어떤 식물은 직파하면 바로 발아해 버리기도 했고, 어떤 식물은 발아조차 되지 않았다. 희귀하고 예쁜 꽃을 피우는 식물일수록 키우기 어려웠다. 그럼에도 불구하고 이런 식물을 키우다 보니 실험정신과 눈만 높아졌다. 남들과 다른 식물을 키워 보겠다고 영국이나 네덜란드, 스웨덴 가든 쇼에서 가져온 나의 호기심을 만족할 만한 식물들은 키우기 쉽지 않았다. 그래서 자존심에 큰 상처를 입기도 했다. 파종을 더 우아하게 하고 싶었다. 우리가 생각한 것은 하우스 파종이었다. 돈을 많이 들이지 않고 한해살이·두해살이·여러해살이풀을, 그것도 이왕이면 남들이 키우지 않는 특별한 식물만 많이 키워 방문객에게 보여 주고 싶었다. 그래서 그것을 나의 아담한 정원에 가득 채우고 싶었다.

하지만 이 일이 결코 쉽지 않다는 사실을 깨닫기까지는 그리 오래 걸리지 않았다. 일단 이곳은 마사와 잔돌이 섞인 땅이다. 어느 구역은 삽이나 곡괭이가 튕겨 나올 정도니, 식재는 고사하고 배수는 나중 문제. 땅을 파기도 힘들었다. 땅을 내 의지대로 바꾸는 작업은 힘들었다. 땅을 개간한다고 거름이라도 좀 섞을라치면 몇 년의 시간이 우습게 지나갔다. 돌이 밉기도 하고 당연하기도 했다. 가끔은 불도저나 굴착기가 필요한 심정이었다. 어느 날은 삽자루마저도 튕겨 나왔다. 삽이 부러지기도 했다. 쇠 호미가 휘어졌고, 날카로운 끝도 뭉뚝해졌다. 신경질이 날 때도 있었다. 정원 초창기에는 거름이 어디 있나, 되는대로 심었다. 뿌리줄기가 아주 근사한 미국 아이리스를 많이 구해 심었는데, 무엇이 문제인지 나오지 않았다. 굉장히 허탈했다.

또 어느 해에는 독일붓꽃을 많이 심었다. 하지만 너무 당황스러웠다. 한 포기에 5000원, 20포기를 샀는데 흔적도 없이 사라졌다. 몇 해는 이러한 가슴 아픈 일의 연속이었다. 들어간 돈은 누구한테 하소연할 것인가? 어떤 방문객은 "이거 생화인가요?" "뭐, 씨 뿌리면 다 이렇게 자라죠"라고 말하곤 한다. 그냥 웃음만 나온다. 또 어느 해에는 '유럽 작약'이라고 하여 비싼 몸값을 지불하고 샀는데, 봄이 되었는데도 새순이 나오지 않았다. 이유 없이 죽어 가기도 했다. 죽어 간 식물이 어디 이쁨이던가. 몇 해는 장미부터 수국까지, 이 춥고 척박한 '바람의 마을' 기후를 생각하지 않고 이것저것 많이도 심었지만 돌아오는 것은 마이너스 통장 잔고뿐이었다.

이 지방의 심술 맞은 봄은 어쨌든 피하고 싶은 계절이다. 바람이 또 분다. 물론 3월부터 5월 초까지는 방문객들도 가끔 놀라곤 한다. "여긴 태풍급 바람이 부는 곳이군요." 자주 듣는 말이다. "너무 추워요." 아주 자주 듣는 말이다. "보일러 좀 세게 틀어 주세요." 더 자주 듣는 말이다. 대관령 특유의 일교차와 미치광이 바람을 맞고 피어난 꽃들은 암향부동暗香浮動이라는 말처럼 그윽하고 은은한 향기를 뿜어낸다.

봄이 오면 하우스 온실은 분주해진다. 각종 화분, 포트묘, 원예용 피트모스수생식물이나 습지식물의 잔재가 퇴적되어 만들어진 유기물질로 보수력과 통기성이 좋다, 배수용 펄라이트진주암 원석을 잘게 부순 후에 고온에 구워서 팽창시킨 인공 토양와 육성용 펄라이트, 마사토화강암질 암석이 풍화되어 만들어진 흙, 아주 고운 상토모종을 가꾸는 온상에 쓰는 양분을 고루 갖춘 토양, 생명토, 소나무 바크나무껍질을 잘게 부수어 만든 재료, 코코칩코코야자 열매 껍질, 휴가토난석, 다공질 형태에 배수성, 통기성, 보수성이 풍부한 약산성 흙 등이 단단히 자리하고 있는지 둘러본다. 또 각종 활엽제와 생장조절제를 만지작거리기도 한다. 식물을 키우면서 이렇게 다양한 영양제가 있다는 사실을 알고 박장대소하기도 했다.

비주얼도 생각해야 한다. 또 '하이포넥스HYPONeX' 개화촉진제와 원예강화제를 보며 이것을 사용할 식물이 무엇인지도 생각한다. 이미 파종을 시작했으니 바람의 강도에 따라 마음도 출렁거린다. 하루에도 몇 번 분무기로 물을 주며 저 녀석들이 잘 자라고 있나, 끊임없이 '의심병'에 시달리기도 한다. 새벽, 아침, 점심, 저녁 하우스를 서성거리다가 장미가 혹시 냉해를 입지 않을까 확인해 본다. 물뿌리개, 압축 분무기, 식목가위, 전지가위, 양손가위, 전정가위 등이 제자리에 있는지도 확인한다. 또 나의 원예 친구들인 15발 갈퀴, 낫, 철삽, 스테인리스 꽃삽, 원예용 이식삽 등도 만지작거린다. 하지만 봄은 조금 더 있어야 찾아온다. 대관령의 초봄은 봄이 아니다. 가끔 대관령을 벗어나 벚꽃이 피는 강릉, 속초, 원주, 서울, 파주, 남부 지방을 가 보면 그곳은 언제나 내게는 너무 따뜻한 나라다.

이러한 콧노래도 잠시, 곧 다가올 여름을 대비할 구근 생각으로 머릿속이 복잡해진다. 백합, 아네모네, 글라디올러스, 다알리아를 심어야 할 시기를 달력에 대충 표시해 놓는다. 습기가 덜한 창고에 들어가 보니, 여름 정원의 효자 식물인 새로운 다알리아 괴근덩이뿌리, 식물의 뿌리가 영양분을 저장하기 위해 크고 뚱뚱해진 것이 점점 늘어나 한가득이다. 사실 다알리아는 멕시코 원산이라 내한성이 너무 약해 추워지면 그 괴근을 전부 캐 보관해야 한다. 사실 캤다, 심었다 하는 과정은 매우 성가신 일이다. 부지런하지 않은 정원사에게 다알리아는 괴로운 식물일 수 있다. 그러나 이미 몇 해 모아 놓은 다알리아와 신품종과 다알리아를 섞어 늦봄부터 여름, 서리 내리는 가을까지 정원에 한가득 피어날 다양한 다알리아 꽃을 생각하면 온실의 구근만 봐도 입가에 미소가 번진다.

6개월을 창고에서 잠을 청해야 할 다알리아 괴근은 원예용 박스나 스티로폼 박스에 잘 보관해야 한다. 습도 조절은 물론, 마르지 않게, 얼지 않게 해 주어야 하고, 묵은 구근을 과감히 잘라 내야 할 때도 있다. 이것이 포인트다. 수시로 확인하다가 분구도 해야 한다. 몇 해 키웠다고, 괴근이 크다고 좋은 것도 아니다. 작은 괴근도 꽃은 다 피운다. 오히려 경험해 본 바로는 묵은 괴근이 새순을 내지 않는다. 정원이 오래되다 보니 괴근도 몇 박스나 된다. 언제나 보관 방법, 온도, 습도, 무게, 통풍, 품종 이름, 공간 등 신경 써야 할 부분이 한두 가지가 아니다. 하지만 기특하고 예쁘기도 해 '효자 식물'임에는 틀림없다(물론 때때로 내 목을 조르기도 하지만).

꽃 소식은 또 어떠한가? 동백나무, 납매, 수선화, 산수유, 복수초, 바람꽃, 노루귀, 매실나무, 살구나무의 개화 소식은 매일 부러움의 대상이 되어 내 신경을 살살 건드린다. 여기는 아직도 땅이 얼어 있고 바람과 전쟁을 벌이고 있는데, 이 얼마나 참을 '인忍'자를 더 새겨야 한단 말인가? 하지만 이상적인 봄은 온다. 봄은 올 것이다. 기다리면 온다. 그러면서 하우스 안에서 파종한 모종판을 또 만져 본다. 밤의 온도를 확인한다. 다시 영하로 떨어지면 '바흐의 숲'으로 옮겨 그 안에서 밤을 나게 하기도 한다. 이렇게 대비하지 않으면 한순간에 실 같은 새순들이 사라진다. 하우스 구석이나 서랍에는 식물 품종명을 적는 식물 라벨, 우드 라벨, T자형 식물 라벨 등이 가지런히 놓여 있는데, 학명으로 적어 놓으면 관리도 편하다.

반복해서 말하지만 정원 일은 매일 신경을 써야 그대로인 예술이다. 새로운 지주대가 나왔는지도 확인해야 하며, 바람에 날아간 곳이 있는지도 점검해야 한다. 해결해야 할 울타리가 있는지도 확인하고, 정원 무드 등 같은 용품이나 원예 자재도 손 닿을 거리 안에 있어야 한다. 그것만 있나? 또 종묘사, 식물원, 수입상에 들어가면 '신상' 식물들이 나를 유혹하기 시작한다. 정원에 들이고 싶은 식물이 한둘이 아니다.

낮이 육체적 일의 연속이라면, 밤은 다음 심을 것을 계획해야 하는 정신적 일의 연속이다. 물론 나야 정원이 아름다운 민박집을 함께 운영하고 있어 굉장히 좋은 점이 있다. 예약한 투숙객들과 정원을 둘러보며 다정한 산책을 매일 즐길 수 있고, 고전음악이 흐르는 전용 음악감상실 통창으로 바람에 휘날리는 식물을 보며 따뜻한 차를 마시고 식물 이야기를 하면서 서로 공감할 수 있다는 것은 굉장히 큰 행운이다. 지역의 작은 명소가 된 살바토레정원으로 찾아오는 투숙객과 단골손님이 있어서 나는 매일 행복한 정원사다.

꽃은 피기 전 몽우리 잡힐 때가 훨씬 탐스럽고 청순하다. 마당에서 식물을 키워 보니 그 과정이 우리의 인생처럼 느껴졌다. 오래전 식물원에 갔을 때는 주로 활짝 핀 꽃을 보고 신기해했는데, 나의 정원에서 식물을 키워 보니 꽃대 하나가 올라올 때의 순간이 노력의 대가처럼 느껴진다. 어느 해에는 꽃대가 아예 올라오지 않기도 하고, 어느 해에는 꽃대가 하나만 달리기도 하며, 또 다음 해에는 꽃대가 몇 개 더 달리기도 한다. 이러한 과정, 줄기와 잎이 커지는 과정, 꺾이지 않고 생명이 살아나는 이 모든 과정이 잔인하게도 아름답다. 어떤 화가가 붓을 가지고 이렇게 그릴 수 있겠는가? 매일 실체 없는 화가가 찾아와 나의 정원에서 그림을 그려 주고 해 질 녘이면 떠났다. 그런 화가 수십 수백 명이 매일 찾아왔다. 이 얼마나 놀라운 일인가?

행복이란 무엇일까? 매일 소소한 것에 감동하고, 내 손으로 흙을 만지며 변화하는 과정을 보고 기록하고 일하는 순간 아닐까? 일하다 튤립 위로 배회하는 나비를 만났다. 국경을 넘어 대관령으로 온 것 같다. 봄 햇살과 함께 말이다. 매일매일 일만 하는 날이 이어지고 있다. 집과 민박, 음악감상실인 '바흐의 숲', 정원의 덱까지 모두 오일 스테인oil stain, 목재 표면의 무늬가 드러나 보이게 칠하는 유성 착색 도료을 칠했다. 그래도 깨끗함이 최고다. 우리는 매년 정원 덱에 독일산 오일 스테인을 칠한다. 집, 게스트하우스, 음악감상실 '바흐의 숲', 그리고 연결되어 있는 모든 방부목 덱에 오일 스테인을 칠하려면 업자를 불러 며칠을 작업해야 한다. 인건비를 포함해 1000만 원 이상의 비용이 들어간다. 그래서 매년 우리 가족이 며칠간 직접 칠한다. 귀촌 후 집과 외벽, 정원 덱을 만들 때 캐나다산 목조를 사용했다. 투숙객이 묵을 수 있는 게스트하우스도 캐나다산 목재로 만들었고, '바흐의 숲'도 전부 그렇다. 눈이 많이 오는 지역이니 자칫하면 나무가 썩을 수 있어서 매년 칠을 해야 한다. 무엇보다 이렇게 하면 깨끗하다. 영화 속에서 볼 수 있는 전원생활은 근사하고 우아하지만 현실은 고된 일의 연속이다. 커튼을 모두 걷어 세탁하고, 여기저기 오일 스테인을 칠하고, 매일 세탁을 하고, 매일 풀을 뽑는다. 그래서 나의 아내 카키 앵무새에게 미안하다. 하지만 다소 고된 노동도 시골살이의 즐거움 중 하나다. 어제는 하루 종일 봄 퇴비를 주었다. 오늘까지도 퇴비 냄새가 내 손에서 지워지지를 않는다. 몇 번을 씻고 또 씻어도 냄새가 내 주위를 맴돈다. 하지만 이제는 그 냄새도 좋다. 이 역시 정원 일의 즐거움이다.

정원사입니다

첫 파종 하면 생각나는 식물 중에 하나가 바로 루피너스다. 2018년 첫 파종은 루피너스 러셀*Lupinus* 'Russell'이었다. 이렇게 교잡hybrid으로 만들어진 원예종은 매우 아름답고 외형이 눈부시다. 우리나라에서는 '층층이부채꽃'이라는 이름으로도 유통되고 타샤 할머니 책에서도 소개된 식물이다. 원산지에서는 여러해살이라 웅장하고 화려한 모습을 오래 보여 주는데, 우리나라는 원산지와 다른 환경과 조건이라 그런지 여름 고온과 장마에 대부분 녹거나 흔적을 감추어 버린다.

그래도 한번 키워 보니 대관령이 저온과 열대야가 없는 생육환경이라 그런지 그나마 2~3년은 잘 자란다. 하지만 매년 파종을 계속해 겹겹이 둘러싸야 한다. 10년 전 한 농장에서 루피너스를 처음 보고 이렇게 아름다운 꽃이 있구나 했는데, 최근에는 제법 많이 유통된다. 온실에서 키운 것보다 뜰에서 나오는 과정과 모양새가 멋지다. 꽃대가 50센티미터 이상으로 자라고 초장(전체 식물체 길이)이 1미터 이상이나 된다. 한해살이, 두해살이 루피너스는 물론 여러해살이 루피너스도 있다.

1. 수집한 루피너스 원종 씨들. 나중에 근사한 꽃을 피울 것이다. 2. 파종 후 발아한 사랑스러운 루피너스. 3. 차가운 대관령 날씨를 이겨 내고 이듬해에 싹을 낸 루피너스. 4. 4월 새순이 나왔는데 눈이 내렸다. 5. 무럭무럭 자라고 있는 루피너스. 곧 꽃대가 달릴 것이다.

1. 살바토레를 찾은 손님들에게 다양한 꽃을 보여 주고 싶은 마음에 전 세계에서 수집하는 씨. 긴 겨울이 끝나갈 무렵 새로 들여온 씨를 뿌려 모종을 만든다. 2. 상토에 물을 적시고, 씨를 뿌린 후 다시 상토로 덮는다(복토). 고운 흙과 음악을 버무리는 것이 포인트. 파종에는 적절한 빛, 습도, 온도가 필요하다. 3. 발아하여 모습을 드러낸 새싹들이 합창을 한다. 4. 하우스에서 빛을 받아 무럭무럭 자라는 모습. 5. 점점 '꽃부자'가 되어 가고 있다.

1. 동네 할머니들은 꽃은 좋아해도 돈을 주고 사지는 않는다. 그래서 열심히 씨를 뿌려 싹을 낸 후 아랫집, 윗집, 옆집 할머니들에게 선물로 드린다. 3차 파종을 하고 속속 싹을 내는 모습을 바라보는 그 순간을 우리는 좋아한다. 새벽부터 분무기로 물을 주고 클래식을 틀어 주었다. 복 받은 녀석들이야, 이러면서. 곧 입춘이 거짓말처럼 곁에 다가올 것이다. 거의 20년 된 정원을 변신시켜 줄 마법사들이 대기하고 있다. 2. 뿌리 부분을 감싸고 있는 흙이 꼭 셔벗같이 생겼다. 곧 '예술'이 될 것이다. 3. 화분을 만들어 꽃이 피면 주변에 선물하기도 한다. 4. 매년 살바토레의 덱에 오일 스테인을 직접 칠한다. 5. 작고 예쁜 새집도 손수 만들어 색을 칠했다.

행복한 고통을 즐기는 정원사

"아, 신이시여. 입하立夏에 눈이라니!"

유배지에 눈이 온다. 춘설春雪이다. 시간이 아무리 흘러도 대관령의 사나운 날씨에는 적응하기 어렵다. 몇 센티미터 눈이야 바로 녹지만 어느 해에는 10센티미터까지 눈이 쌓였다. 봄이 왔는데도 눈을 자주 뿌려 주니 정원사는 신경질이 난다. 눈이 오면 아연실색하게 된다. 무거운 눈이 오면 꽃대는 다 꺾인다. 작은 나뭇가지도 순간 무게를 이기지 못하고 꺾이고야 만다. 나는 봄에 눈이 오는 이 시간을 '유배의 시간'이라 부른다. 5월 초까지도 눈이 오니 더 이상 할 말이 없다. 눈 오기 전날 몰려오는 대관령 지방 특유의 구름은 하나의 징후다. 3월부터 5월 초까지 찾아오는 자연의 심술을 견디지 못하면, 봄서리나 바람눈을 견디지 못하면 정원에서 꽃을 볼 수 없다. 제주나 남부지방, 인근 강릉과 속초는 봄꽃이 한창인데, 이곳은 아직 유배의 시간을 더 견뎌야 한다.

봄눈은 거짓말처럼 하루아침에 녹아 버리기도 한다. 얼른 파종한 식물을 가져온다. 그러나 일찍 파종한 식물은 '셔벗'이 되어 버렸다. 뿌리들이 서로서로 의지하고 있다. 곧 땅이 녹고 바람이 잠잠해지면 정식定植, 모종을 땅에 제대로 심는 일을 해야 하는데, 급한 마음에 미리 심었다가 다 죽이기도 한다. 하지만 눈부신 광경이다. 이제 저 뿌리들은 꽃을 피워 낼 것이다. 정원은 경험해 본 사람만이 안다. 미칠 듯이 예쁘다. 나는 다시 태어나도 낭만적인 정원사가 될 것이다.

스스로 만족하는 정원사가 되기는 굉장히 어렵다. 미적으로 더 아름다운 정원을 만들고 싶을 때는 창조적인 일을 많이 해야 하지만, 어쨌든 일상적인 정원 일은 계속 처리해야만 한다. 때때로 정원은 나에게 굴욕을 주기도 복종을 요구하기도 한다. 튤립만 해도 개화 과정이 다 끝나면 화려한 꽃은 사라진다. 자연의 이치다. 튤립 구근을 캐내야 할 때면 여러 생각이 들곤 한다. 나만 보는 정원이라면 그냥 놔두고 싶기도 하다. 튤립을 구석구석 구역별로 한 50여 개씩 몰아 심기 때문에 꽃이 피었을 때는 우아한 꽃다발처럼 최고의 비주얼을 선보이지만, 꽃이 서서히 지면 잎사귀가 알뿌리에서 영양분을 다 섭취했기 때문에 누렇게 변한다. 사실 캐내지 않아도 그만이지만, 내 정원은 조금 더 특별히 보이고 싶은 마음에, 잎들이 누렇게 되면 새봄을 맞이해 나오는 새싹들의 싱그러움과 부딪히게 되니, 튤립을 캐낸 자리에서 자라는 유럽에서 온 새 품종의 식물들을 보여 주고 싶은 마음에, 나는 기꺼이 고단한 농부가 되고야 만다. 취미로 할 때는 매일매일 즐거웠고, 전국에서 식물 애호가들이 찾아와 좋아해 주니 기쁘기도 하지만 정원 일이 '해야 할 일'이 되고 고된 노동을 일상적으로 해야 한다고 생각하면 괴로운 마음이 들기도 한다. 게다가 매년 꽃이 예쁘게 피는 것도 아니다. 허리가 터지도록 주차장에서 나무 계단과 덱을 지나 기다란 중정 가는 길 계단으로 거름을 날라야 한다. 매년 정원에 10센티미터의 거름을 과감하게 올려 주어야 한다. 이 냄새 나는 거름을 주면 식물이 혹시 다 죽지 않을까, 쓸데없는 생각이 들기도 했다. 정원사는 이래저래 여러 고민을 안고 살아간다.

그런 일만 있으면 다행이다. 어느 해에는 거름이 부족했고, 어느 해에는 새순이 나왔는데 봄 서리와 미치광이 광풍이 와 잎이 데친 나물처럼 변하기도 했다. 또 어느 해에는 5월에 눈이 왔으며, 콩알만 한 우박이 쏟아지기도 했다. 우박이 왜 그렇게 얄밉게 보이던지. 또 대한민국 하면 피할 수 없는 그 무서운 장마가 도깨비처럼 다가왔다. 비가 며칠 퍼부으면 정말 힘들다. 모든 꽃이 녹아 버렸고, 쓰러졌고, 무릎 이상 오는 식물들은 꺾였다. 장대 같은 비에 지지대를 설치해도 힘없는 수수깡처럼 쓰러졌다. 그런 고비를 넘기고 나면 태양이 마중 나왔다. 그런 자연재해와 마주하며 사는 날들의 연속이었다. 그럼에도 불구하고 동화 속 정원 친구들이 날마다 찾아왔다. 여러 곤충과 동물이 우리 마당에 찾아와 옥구슬처럼 예쁜 꽃과 잎 사이에서 함께 살았다. 고라니는 로단세 '피에로'*Rhodanthe chlorocephala ssp. rosea* 'Pierrot'의 잎만 먹고 갔다. 하지만 이런 모습도 눈부시게 아름다웠다. 매일 고단한 여정을 시작해야 하는 행복한 직업, 바로 정원사다.

두 번째 봄이 오면 식물이 더 자라지 않았으면 좋겠다는 생각도 한다. 아직까지 물 호스가 내 손에 착 감기는 느낌이 안 들지만 더 더워지면 물을 잔뜩 줄 수도 있다. 이제부터는 매일 바뀌는 과정이다. 몇 해 동안 정원을 바꾸고 또 바꾸고, 다시 이런저런 색채를 입히는 일을 지속해도 정원의 한해살이풀, 두해살이풀, 여러해살이풀은 소박한 시간과 공간의 기억을 유지한다. 튤립과 튤립 사이의 많은 잎이 케이크처럼 층층이 얽히며 자란다. 어제 없던 꽃이 오늘 또 나타나고, 어제 보이던 꽃이 내일은 없어질 테고, 다시 모레 또 새로운 꽃이 보일 것이다. 정원은 신기루다.

2014년 즈음, 10년 된 정원에 큰 변화를 주기로 했다. 잔디밭과 연못, 소나무가 있던 정원을 유럽풍 코티지 가든으로 바꾸기로 한 것이다. 작정하고 정원을 설계했다. 숙근초의 대이동이 시작되었다. 사실 정원 때문에 매년 가슴앓이한 적이 한두 번이 아니다. 가드닝은 농사와 비슷하다고 생각하지만 과감하게 메스를 댄 이유는 이제는 나만의 색채가 드러

나는, 영국풍 정원을 만들고 싶어서였다. 잔디를 전부 걷어 내고 새로운 모험과 시도를 시작했다.

조금 더 체계적으로 대한민국에서 하나뿐인 나만의 정원을 만들고 싶었다. 우선 내가 살 집과 민박, 서재 모두 친환경 목재를 사용해 지었다. 창 역시 바람 한 점 들어오지 않게 수입 자재로 강화했다. 인류 초기부터 건축 자재나 생활 도구의 소재로 사용된 목재를 사용해 건축하는 일은 도시에서 살 때는 경험하지 못했던 새로운 일의 연속이었다. '바흐의 숲'이라는 이름의 투숙객과 방문객 전용 음악감상실과 서재에는 탄노이 스피커와 진공관 앰프를 들여놓았고, 커다란 통창이 있는 서재를 다시 만들어 창으로 정원의 식물들을 사계절 볼 수 있게 했다.

다시 정원 덱을 구상하면서 초화류의 꽃이 돋보이게 하고 싶었다. 역시 캐나다산 목재를 사용했고, 전체 정원을 아담하지만 15구역 이상으로 나누었다. 기존에 있던 식물 중 너무 잘 퍼지는 숙근초는 다 캐서 나눔도 하고 과감하게 정리했다. 다시 그 구역에 유럽의 희귀한 식물들을 심을 예정이었다. 물론 이 일이 한두 해에 다 되는 것은 아니었다. 그 이후로도 7~8년의 시간이 필요했다. 담 역할을 하던 서양측백 200여 그루도 제법 자라기 시작했고, 이제 각각의 구역에 한해살이풀, 두해살이풀, 구근식물을 집합시켰다. 나는 가끔 숙근초 육종가가 된 듯한 기분이 들었다. 1년을 24개의 시기로 나누어 여러 식물을 심는다. 작약, 튤립, 루피너스, 백합, 원추리, 클레마티스, 매발톱, 다알리아, 플록스, 델피니움, 패모, 히아신스*Hyacinthus*, 푸시키니아*Puschkinia*, 수선화, 아이리스, 설강화*Galanthus nivalis*, 스노드롭, 호스타, 영국과 프랑스의 여러 장미 품종, 버드나무 종류*Salix*, 은방울꽃, 다양한 품종의 양귀비 등. 내 눈과 가슴에 정말 다채로운 식물들이 다시 자리했다. 이건 꿈의 시작이었다.

1. 때로는 춘설과, 봄 서리, 미치광이 봄바람이 정원사를 당황스럽게 만들기도 한다.   2. 튤립 구근을 50여 개씩 몰아 심으니 탐스러운 꽃다발처럼 꽃이 피어난다.

친환경 목재를 사용해 정원 덱을 다시 정비했다. 담 역할을 하라고 심어 놓은 서양측백도 제법 크게 자랐다.

여름 정원에서 일한다는 것

새벽에 일어나니 기온이 15도다. 싸늘하다. 여름에서 가을로 넘어가는 것은 한순간이다. 대관령은 사실 여름다운 여름이 없다. 푹푹 찌는 여름날은 한 15일 정도. 그것도 낮에만 그렇다. 해가 지면 삼복더위가 온다는 때에도 한 20~25도 정도로 떨어지니 이 얼마나 다른 세상인가? 그래서 나는 이곳을 늘 섬이라 부르기도 하고 사막이라 부르기도 한다. 하지만 아무리 대관령이 해발 800미터 이상 청청 고원지대라 해도 지구 온난화가 가속화되고 있는 요즘 여름의 한낮은 살짝 덥기는 하다.

땡볕을 피할 수 있는 시간에 일해도 여름에는 어쩔 수 없이 조금만 움직여도 등판이 땀으로 흠뻑 젖는다. 한낮의 더위가 찾아오면 원예용 가위도 만지기 싫다. 그럴 때에는 코만 꽃에 살짝 갖다 대고 싶다. 어느 해에는 검은 풍뎅이가 스파이처럼 정원에 핀 모든 꽃에 진을 치고 있었다. 역병이 창궐한 듯한 풍경이었다. 정원의 열두 계절을 매일 바라보면 정도 들고 근심도 많아진다. 선택적 이별을 해야 하는 순간도 찾아와 슬픔에 빠지기도 한다. 만남과 이별은 이 식물 세계에서도 변주곡처럼 흐른다. 오케스트라 단원 같은 정원의 꽃들은 언제 그랬냐는 듯이 무대 뒤로 사라진다. 당당하게 자신의 존재를 뽐내더니 하루아침에 무대 뒤로 사라져 버린다. 꽃 한 송이를 피우기 위해 너희들이 얼마나 노력을 했을까, 생각하면 대견한 마음이 든다. 정원사의 마음은 자주 풍요와 빈곤에 시달린다. 열흘 붉은 꽃은 없다고, 또 정원의 꽃들이 지기 시작한다. 아직 자신의 존재를 드러내지 않은 다른 꽃이 또 이 정원에 찾아오겠지.

나는 한여름에는 보통 해 질 녘에 물을 주곤 한다. 이맘때는 며칠에 한 번만 물을 주어도 숙근초들은 끄떡없다. 하지만 물을 대충 주었다가는 마른 흙 속이나 뿌리 속까지 깊게 들어가지 않는다. 내가 생각하는 것보다 몇 배 더 흥건히 주어야 식물도 그 농밀한 속삭임을 알아챌 수 있다. 더위에 지치거나, 방문객들 때문에 정신이 없을 때도 정원 일은 내가 지금까지 했던 모든 일 중에 최고의 유희다. 다시 태어난다 해도 식물을 수집하는 정원사가 될 것이다. 정원은 좌절과 감탄을 동시에 주는 장소다. 그래서 매일 정원에서 일하는 행복한 시간이 기다려진다. 나는 이 사실을 30대라는 이른 나이에 직접 경험해 보고 깨달았다. 정원사는 어쩔 수 없이 사진가가 된다. 내 정원의 고유한 모습을 매일 매일 사진으로 기록하는 일도 정원 일 중 하나다. 10여 년 넘게 정원에서 기록해 둔 사진만 10만 장은 되는 것 같다(아, 10만 장이라니).

청정고원에 많이 사는 까마귀들은 가까운 친구다. 정원 일을 하다가 하늘을 쳐다보면 까마귀가 자주 보인다. 까마귀 한 마리가 펄럭거리며 날아간다. 부리가 매우 날카로워 보인다. 대관령 까마귀들은 늘 정원을 노려본다. 까마귀의 눈으로 하늘에서 본 정원의 모습은 어떨까? 서양측백 200여 그루가 담장을 이루고 있는 정원 안에 어떤 식물들이 있는지 새는 그 예민한 눈으로 확인할 수 있을 테고, 이 정원의 주인장은 튤립, 오리엔탈양귀비, 작약, 백합, 클레마티스를 좋아한다는 사실을 알아챘을지도 모르겠다. 신비롭고 새로운 한해살이풀을 찾아 정원에 들이는 일에 열심이라는 사실도 포착했을 것이다. 다채로운 꽃이 피고 지는 이 변화무쌍한 정원을 까마귀도 즐기려나.

캄파눌라Campanula 위로 잠자리 한 마리가 천천히 날아와 앉는다. 이맘때 정원에서 일하다 보면 벌에 쏘이기도 한다. 여름은 벌과 나비, 잠자리의 계절이기도 하다. 정원 일을 하다 태양과 인사를 하기도 하고, 구름과 악수하기도 하고, 나무들과 마음속으로 합창을 하기도 하고, 매일 나를 찾아오는 바람과 친해지려 노력하기도 한다. 변화무쌍한 자연과 친해지지 않으면 이런 곳에서 오래 살기 어렵다. 자연에게 잘 보이려고 무척 노력하는 '아첨쟁이'가 되어야 한다. 매일 신에게 기도한다. "내일은 바람이 좀 덜 불게 해 주세요, 비가 많이 안 왔으면 좋겠어요. 눈이 좀 덜 왔으면 좋겠어요." 정원을 소유하면서 생긴 습관이다. 가끔 남의 집 정원을 훔쳐보는 취미도 생겼다. 집집마다 정원의 모습이 모두 다르다. 정원 주인은 모두 예술가다. 어느 집은 일부러 야생화만 심기도 한다. 어느 집은 나무 위주로 심다 보니 특이한 정원이 만들어지기도 한다. 또 어떤 정원은 일본 전통 정원이 떠오르기도 한다. 하여간 정원은 즐겁다.

정원사는 자신만의 흙을 가지고 있다. 오랫동안 정원에서 일하다 보면 나의 정원에 맞는 흙의 필요성을 절감한다. 살바토레정원 구석에 거름통을 만들어 놓았다. 배양토(식물을 기르는 데 쓰기 위해 인위적으로 거름을 섞어 걸게 만든 흙)를 만들 때 부엽토, 상토, 진흙, 마사토, 피트모스, 펄라이트 등을 이용한다. 정원에서 사용하는 흙은 참 종류도 많다. 이러니 정원사는 늘 생각이 많아질 수밖에.

정원은
곤충들의 놀이터

곤충들은 피사체이자 친구다. 꽃가루 매개자로 벌과 나비만 한 친구가 없다. 언젠가부터 개체 수가 줄어들고는 있지만 벌과 나비 들은 매년 정원에 찾아와 열심히 일한다. 곤충 개체 수가 줄어든다는 것은 지구 자연환경이 위기라는 이야기다. 곤충이 많아지는 것은 지구를 위해서는 좋은 일일 수 있다. 이곳에 곤충들의 천국을 만든 장본인이 바로 나지만 정원사는 곤충들이 많아지면 신경 쓸 일이 많아진다. 곤충 입장에서 보면 나는 거인 나라에서 고용한 노예 정도일까. 아마도 "저 커다란 인간은 늘 조급해하면서 식물을 키우지"라고 비웃을지도 모르겠다.

어느 해에는 고벽돌로 기둥을 만들고 화분으로 그 주변에 '포인트'를 주었다. 이탈리아 토스카나 지방에 갔을 때 니콜리 페스토나토Nicoli Festonato 화분으로 집을 꾸민 곳이 많았다는 사실이 떠올라 나도 한번 해 보았다. 정원 일은 끝이 없다. 매년 그렇다. 하지만 이것이야말로 내가 누리는 즐거움의 본질이다. 헤르만 헤세의 '청춘의 정원'이라는 시가 떠오른다. 엄마가 허리가 꺾일 듯이 매일매일 정원에서 풀을 뽑고 있었던 이유를 불혹의 나이가 되어서야 알았다. 봄마다 화단을 정리하는 이유도 예전에는 '왜 할까?' 그랬는데, 지금은 다 이유가 있다는 것을 안다.

어제는 분갈이를 하고 잠시 무채색 하늘을 보고 있는데, 처음으로 개미와 거미가 포착되었다. 빛은 뜨거웠고, 녀석들은 걸었고, 나는 쳐다보았다. 섬세한 다리의 솜털마저 신기했다. 일하고 있는데 또 한 마리가 지나간다. "오랜만이군, 작년에 보고 1년 만에 다시 보네. 겨울 잘 보냈지? 잠은 어디서 잤어?" "당신은 무척 늙어 보이지만 부지런하구만." "올해도 자주 보도록 하지. 나는 이만 가네."

여름은 이렇게 온다. 이 추운 대관령에도 며칠 곤충들이 자주 나타났다. 이 냄새 나는 녀석 노린재는 싫기는 하지만 그래도 자연에서 없앨 수 없는 존재다. 이 녀석은 아이리스를 특히 좋아한다. 예쁘다는 것을 아는지 적극적으로 구애를 한다. 열 번 찍어 안 넘어가는 나무가 없다는 것을 녀석도 아는지 하루 종일 저렇게 적극적으로 들이댄다. 바람이 불면 잠시 안 보이기도 하지만 그래도 기특하다.

어느 날 밤은 손님들로부터 벌레를 잡아 달라는 호출이 오기도 한다. 그래도 즐거운 생활이다. 가끔 도시 아이들은 벌레를 보면 기겁을 한다. 당연히 이해한다. 나도 그랬으니까. 뒷산에만 가도 여러 가지 벌레들이 가끔 귀찮게 한다. 그럼에도 불구하고 곤충들과 함께하는 여름은 즐겁다. 정원은 곤충, 나비, 동물이 함께 사는 곳이다.

서서히 계절이 가고 있지만 날아다니는 나비와 플록스$Phlox$는 그대로다. 고산지대 대관령은 지금이 여름인지 초가을인지 헷갈린다. 봄도 한 달 늦게 왔는데, 갑자기 여름이 왔다가 다시 한 달 빠르게 가을이 오는 것 같다. 마을 곳곳에서 사람들이 분주하게 움직이며 여름 배추와 햇감자를 수확한다. 이장형네 가서 일을 잠시 도왔다. 여름은 꿈같고, 가을 초입의 햇살은 살을 파고든다는 기분이 들 정도로 따갑고 기분이 나쁘다. 하지만 자연 속 뮤즈인 나비를 만나는 일은 언제나 설레고 꿈을 꾸는 것 같다.

내 집을 일부러 비수기에 찾아 준 K는 클래식 애호가이자 고민을 털어놓을 수 있는 친구다. 책을 보는 친구에게 내가 말했다. "딸애가 크니 내가 어렸을 때 뒷산에서 해 본 여러 취미가 다시 생각나. 그래서 하나씩 다시 하고 있어." 초롱초롱한 그의 눈동자를 바라보며 나는 다시 힘주어 이야기했다. "산제비나비 *Papilio maackii*가 좋아하는 저 꽃은 풀협죽도 *Phlox paniculata*야. 여름 플록스라고도 하지. 봄에 피는 키 작은 플록스도 있고, 그다음에 나오는 꽃잔디 *P. subulata*도 있어." 나비는 정원에서 절대로 빼놓을 수 없는 기품 있는 곤충이다. 마음을 설레게 하는 아름다운 환상의 곤충이다. 내 마음은 나비를 따라 멀고 먼 곳으로 가고야 만다. 꽃가루를 옮겨 주는, 비틀거리며 춤추는 그 나비를 잡고 싶은 것인가? 새와 나비의 색은 인간이 흉내 낼 수 없는 가장 고귀하고 완벽한 천연의 색이다. 대관령에서 본 모든 나비는 정말 '환상' 그 자체였다.

한 치의 오차도 없이 호랑나비과에 속하는 산제비나비가 약속이나 한 듯이 나타난다. 계절이 지나가고 있다는 신호다. 역시 인간과 자연은 하나다. 인간은 자연 없이 살 수 없지만, 자연은 인간 없이 살 수 있다. 나비와 식물이 24절기의 흐름을 보고, 듣고, 짐작할 수 있게 해 준다. 쌀쌀한 이른 봄이 지나고 5월이 되면 연보라색 꽃을 피우는 10~20센티미터 정도 되는 키 작은 플록스 스톨로니페라 *P. stolonifera*와 앙증맞은 꽃잔디를 볼 수 있고, 지금은 진한 색 꽃이 피는 키 큰 여름 플록스, 여러 품종의 플록스가 정원을 수놓는다. 산제비나비가 늦여름과 초가을이 교차하는 어스름한 저녁에 묘한 형상을 보여 주고 있다. 정원에서 느낄 수 있는 가장 평화로운 순간이다. 그림 같은 베이지색 족제비가 정원 여기저기 숨어 있다. 어제는 등판이 연주황색인 산제비나비 암놈이 폭격을 하더니, 오늘은 마치 그림처럼 등판에 진초록 펄이 들어간 산제비나비 수놈이 플록스와 밀회를 즐긴다.

1. 플록스꽃 위에 앉은 산제비나비. 2. 살바토레정원 곳곳에 자리 잡은 니콜리 페스토나토 화분.

정원은 곤충들의 놀이터.

대관령 정원사의 가을

여름이 지나고 가을로 들어서면 정원에서 해야 할 일은 잠시 줄어든다. 그러나 일교차가 워낙 심하고 날씨도 변화무쌍한 곳이라 '부대 차렷'하고 대기 중이다. 정원에 된서리가 오기 전과 후에 마무리해야 할 일이 많아 미리 단단히 마음의 준비를 한다. 낙엽이나 가지를 단정히 정리하는 것도 가을에 해야 하는 무시할 수 없는 정원사의 일이다. 가을은 정원 일을 하며 나만의 깊은 생각에 빠지기 좋은 계절이다. 나는 종종 읽었던 책의 작가가 되어 그의 고유한 언어와 사유를 생각해 보곤 한다. 언젠가는 아침에 마당의 낙엽을 쓸고 서양측백 가지를 정리하며 조지 오웰의 책 《나는 왜 쓰는가》를 생각했다. 그는 책에서 글을 쓰는 동기에 관해 이야기한다. 순전한 이기심, 미학적 열정, 역사적 충동, 정치적 목적 등. 나는 어떤 이유로 글을 쓰고 있는 것일까. 기록, 탐미, 통찰, 사유, 반성, 이해, 탐구, 촬영 등 여러 가지 이유가 떠오르며 나를 꼬집는다.

정원사는 서서히 차가운 바람의 강도가 세지는 가을에도 여전히 바쁘다. 된서리를 맞기 전 정리해야 할 식물 목록이 하나하나 쌓인다. 가끔 이 식물들이 내 숨통을 조이는 듯한 기분이 들 때도 있다. 민박집 객실과 바흐의 숲을 정리하고 나면 정원 일이 기다리고 있다. 영하 2도에서 3도 사이를 몇 번 왔다 갔다 하면 정원의 꽃들은 냉해를 입어 떨어지고 된서리를 맞는다. 꽃들은 폭격처럼 된서리를 맞고 '데친' 미역같이 변해 버린다. 생명력이 사라지고 살아 숨 쉬지 않는 모습이 된다. 아내와 함께 전지가

위를 들고 모두 잘라 낸다. 잘라 낸 식물의 몸체로 땅을 덮어 겨울 준비를 한다. 그리고 한해살이 화분 식물을 정리하고 월동하지 못하는 영국 장미 화분과 허브류, 여러 식물을 하우스나 '바흐의 숲'으로 들여놓아야 한다. 이런 작업을 하고 있으면 모든 것이 하루아침의 꿈이고, 또 모든 것이 다시 시작된다는 기분이 된다. 정원은 끊어졌다가 다시 이어지고, 사라졌다 다시 태어나는 '연결'의 장이다. 이렇게 정원을 정리하고 난 후에야 1년 중 가장 편안하고 여유롭게 차를 마실 수 있다.

가을이 깊어지면 마을도 수확을 끝내고 모든 것을 정리할 준비를 시작한다. 곧 겨울이 올 것이다. 나뭇잎들도 모두 낙하하기 일보 직전이다. 어떤 나무는 벌써 거의 잎이 떨어지고 없다. 떨어진 잎 하나를 주워서 보니 가장자리 색이 흐릿해졌다. 잎몸 잎사귀를 이루는 넓은 부분, 잎맥 모두 가을 색으로 바뀌고 있다. '단풍쇼'가 끝나면 나무들은 '나체쇼'를 펼칠 것이다. 나무는 나목裸木이 되어도 여전히 아름다움을 품고 있다. 그러나 아름다움은 추악함도 허전함도 끌어안고 있는 개념이다. 인간 세상이나 정원이나 마찬가지다. 그 안에서 이유 없이 쇠약해지기도 하고, 죽기도 하고, 이별하기도 한다.

모든 잎에 서리꽃이 핀다. 서리꽃이 만발한 정원을 둘러보며 설국雪國에 온 듯한 기분을 느낀다. 처연하게도 아름다웠던 여름 풀벌레 소리는 다릅나무 겨울눈 뒤로 숨어 버렸다. 상강 무렵 생기는 이 지방 특유의 서릿발을 보며 하는 새벽 산책은 나를 자연 예찬론자로 만들어 버린다. 새벽녘 서리는 멕시코 은화처럼 투명하다. 오만한 자세로 우뚝 서 있던 커다란 옥수수 장대가 이젠 늙은 할멈처럼 허리를 숙이고 고추밭 사이에 수그러져 있다. 화려하고 풍성했던 계절의 결실은 사라지고 이제는 소리 없는 풍경만 남았다. 은쟁반 조각 같은 꽃잎은 이 지방 특유의 눈꽃으로 변해 후드득 소리를 내며 혜성처럼 떨어진다. 반쯤 옷을 벗은 사스래나무는 이제 본격적으로 긴 겨울을 맞이할 태세를 갖추었다. 새들의 피리 연주도 이제 거의 마지막인 것 같다.

정원 일이 끝나고 겨울이 다가오면 풍경은 약해지지만 내면은 차분해지고 단단해진다. 몸은 나의 작은 서재로 향한다. 천상의 유배지에서 책을 마음껏 읽을 수 있는 시간은 늘 행복하다. 도시에서 살 때는 꿈만 꾸던 시간이었다. 예전에는 세 시간짜리 오페라 전곡을 들을 엄두를 내지 못했다. 무언가 쫓기듯 살았다. 매일매일 과잉 경쟁이었다. 불안과 조급증에 시달리며 출근하고 퇴근하는 일을 반복했다. 여기 와서 생긴 시간의 자유가 나에게 독서를 위한 여유 시간을 주었다. 대관령의 시간은 도시에서와는 달리 느리게 간다. 대관령에서 만난 스승을 꼽으라면 단연코 책, 정원, 고전음악, 그리고 대자연의 품에 안겨 걷는 것이다.

빛이 짧아지자 아내는 1주일 동안 휴가를 떠났다. 정원은 빛이 덜하니 정물靜物 같다. 사계절 풍경을 생각해 보니 들판은 자연정원의 신기루요, 파밭은 출렁이는 초록 파도요, 배추밭은 우아한 동산에서 상연되는 연극이고, 당근밭은 파스텔풍의 소묘다. 가끔 앵무새처럼 같은 말을 하는 아내 '카키 앵무새'가 곁에 없으면 나는 혼자 책 읽기에 더 많은 시간을 쓴다. 책을 좋아하는 친구나 손님들이 찾아오면 책을 하나 추천하거나 북토크 시간을 갖기도 한다. 노벨문학상 후보 이스마엘 카다레의 장편소설이 좋을지, 또 다른 노벨문학상 후보 다비드 그로스만이 좋을지 고민하다 정말 좋아하는 가와바타 야스나리를 선택했다. 그의 단편집 《지고 말 것을》이 강하게 가슴을 파고들었기 때문이다. 나는 항상 《설국》에 나오는 군마현과 니가타현이 대관령의 확장판이라는 생각을 한다. 가와바타 야스나리의 소설에는 아름답고도 차가운 인간 세계에 존재하는 허무와 서정이 넘친다. 이맘때 좋아하는 작가의 책을 읽고 있으면 서정과 시정이, 애수와 낭만이 넘치는 대관령의 차가운 들판이 더 강하게 느껴진다.

정원사입니다

정원사입니다

정원사는 가을에
봄을 생각한다

정원 일이 끝나면 나는 한가로운 11월을 맞이한다. 창밖의 정원을 바라보며 여유롭게 차를 마시거나 내년에 저곳에서 다시 필 꽃들을 생각하기도 한다. 가을도 정원사가 바빠지는 계절이다. 단풍 시즌이 지나면 바로 초겨울이 찾아온다. 내년 봄 멋진 튤립, 수선화, 히아신스, 설강화, 은방울수선Leucojum aestivum, 스노플레이크, 크로커스Crocus 등을 보려면 10월부터 화단을 정리하고 구근 공간 배치를 해야 한다. 화분도 정리해야 하고, 월동 준비를 해야 할 식물은 보온을 위해 감싸 주어야 하고, 거름도 10월 말에 넣어 주어야 한다. 다음 달이면 눈이 오고 스키장도 문을 열 것이다. 시간은 가차 없이 흐른다.

정원사가 게을러질까봐 튤립 '퀸 오브 나이트'Tulipa 'Queen Of Night', 튤립 '프린세스 이레네'Prinses Irene'가 도착했다. 도토리만 한 설강화 구근도 품종별로 속속 도착하고 있어 정신이 없다. 헤세의 말처럼 계절은 아름다운데 꽃들은 하나씩 진다. 장미도 벗어 놓은 양말처럼 탄력이 없다. 휴케라Heuchera, 겹코스모스, 다알리아, 해바라기, 아스터Aster 모두 강한 바람에 치맛자락 휘날리듯 정신없이 움직인다. 다알리아, 글라디올러스Gladiolus, 아네모네Anemone coronaria, 칼라Calla, 칸나Canna 구근도 캐서 냉동실에 보관해야 한다. 11월 중순이 되어서야 정원사는 애프터눈 티를 여유 있게 마실 수 있으리라.

11월은 돌볼 식물들이 줄어드니 선진 원예를 공부하러 가기 좋은 때다.

유럽에 가면 꼭 그 도시의 식물원에 가 보고, 새로 만난 구근식물이나 씨를 예산이 허락하는 한도 내에서 사 온다. 프랑스 파리 식물원, 영국 런던 큐 가든, 위슬리 가든, 케임브리지대학교 보타닉 가든에서 본 이국적인 식재디자인, 다양한 식물 품종, 정확한 명패이름, 학명, 유통명, 새로운 식물 관찰과 탐구, 모두 기억에 남아 있다.

나는 아이리스를 좋아한다. 아이리스속 식물들은 나의 마음을 두드리고 지갑을 쥐고 흔든다. 그 앞에만 서면 무한히 감동 받는다. 10여 년 전 심어 본 봄의 희망을 노래하는 꽃 레티쿨라타붓꽃 '캐서린 호지킨'*Iris reticulata* 'Katharine Hodgikin'은 초봄에 범상치 않은 연푸른색 꽃을 피우는데 너무 아름답다. 레티쿨라타붓꽃 '조지George' 역시 단단한 푸른색 꽃으로 당당하게 자신의 존재를 알린다. 언젠가 나는 "2015년 살바토레정원의 첫 꽃은 러시아 코카서스 지방, 이란 북부에서 온 왜성종 레티쿨라타붓꽃 '조지'입니다"라고 기록하기도 했다.

초봄에 저렇게 예쁜 아이리스속 식물들을 보려면 늦가을이나 초겨울, 그것도 땅이 얼기 전에 잔뜩 심어야 한다. 지금 정원에 있는 레티쿨라타붓꽃 '알리다Alida', 크로커스 '길'*Crocus* 'Geel', 크로커스 '크림 뷰티'*C. chrysanthus* 'Cream Beauty', 히아신스 '잔 보스'*Hyacinth Orientalis* 'Jan Bos', 키오노독사 사르덴시스*Chionodoxa sardensis*, 키오노독사 루킬리아이 '알바'*C. luciliae* 'Alba' 등이 모두 가을에 심은 봄 요정들이다. 봄에 추위에 벌벌 떨고 있는 박태기나무 아래에서 이 구근들이 깨어나는 것을 보면 매년 한 해가 꿈처럼 짧게 느껴진다.

내일 새벽 영하 3도, 모레 영하 7도 예정이라는 일기예보를 들었으니, 오늘은 새벽부터 정원 일을 한다. 정향풀을 자르니 손이 파르르 떨린다. 멕시코 원산인 다알리아는 내한성이 약해 구근을 잘 캐내어 보관해야 한다. 정원에 30여 품종이나 있다 보니 가을에 일이 많다. 2022년에는 정말 7~8월까지 역사상 가장 긴 장마가 찾아왔고 일조량도 부족해 정원도 나도 무척 힘들었다. 하지만 땅은 그 상황에서도 우리에게 뭔가를 베푼다. 자연에서 살아본 자만이 알 수 있다.

아내 엘레나는 언제부터 정원의 새가 되었다. 살바토레를 찾은 이들은 정원사의 식물 설명을 좋아한다. 숱하게 실패하기도 했지만 정원은 매년 무르익어 가고 있고, 아내는 이런저런 이야기를 사람들에게 건네며 재잘거린다. 우리는 각자 정원사로서 자신의 경험을 이곳을 찾은 사람들과 나눈다.

우리의 마음까지 훈훈하게 해 줄 나의 '겨울 친구' 장작을 큰 창고, 작은 창고, 그리고 작은 박스에 옮기고 담아 10월 말부터 내년 4월 말까지 사용할 수 있게 정리한다. 이렇게 창고에 참나무류 장작을 미리 몇 해 치 준비해 놓으면 춥고 매서운 긴 겨울이 와도 전혀 걱정스럽지 않다. 보기만 해도 배가 부르다. 나무 향이 코끝을 찌른다.

살바토레정원의 다양한 아이리스. 내년에 이 아이리스들의 꽃을 보려면 계절에 앞서 구근을 심어 놓아야 한다. 1. 레티쿨라타붓꽃 '캐서린 호지킨' 2. 붓꽃 Iris sanguinea 3. 레티쿨라타붓꽃 '클레레트Clairette' 4. 아이리스 '컨슈메이션Consummation'

정원사는
미래를 산다

정원사는 언제나 미래를 생각한다. 그것이 정원사의 힘이다. 나라는 정원사는 계절마다 꿈을 꾼다. 30대 초부터 정원에서 시간을 보냈다. 처음에는 정말 무엇을 어떻게, 어떤 식물을 키워야 하나 무지했다. 따뜻한 지방에서 잘 퍼지는 식물도 심어 보고, 흔한 야생화도 심어 보고, 어느 해에는 다양한 실험도 하면서 나만의 색채가 가득한 정원을 가지려고 꽤 노력했다. 호기심과 감수성이 풍부하다 보니 식물에 접근하는 방법과 생각이 남달랐다고 생각한다. 분명 다른 집에서는 잘 자라는 식물인데 유독 우리 집에서만 힘들어하거나 아예 죽는 식물도 있었다. 우리 집에서 키우기 어려워 다른 집에 보내면 잡초 자라듯 너무 잘 퍼지는 모습을 보기도 했다. 이런저런 경험을 하며 무슨 식물학자나 컬렉터가 된 기분으로 정말 다양한 수백 종의 식물을 지금까지 수집하고 길러 보았다. 오죽하면 나의 소설 《바흐의 숲》에서도 지하의 비밀 방을 만들어 지구가 급격한 환경 변화로 무슨 일이 일어날 경우를 대비해 다종다양한 씨와 구근을 대피시키기도 했다.

시소를 타듯 오르락내리락하는 여러 식물 종의 모습, 굴하지 않고 자라나는 풀과 세차게 마음을 흔드는 예측 불가능한 날씨 때문에 가슴도 자주 졸이며 좌절도 겪었다. 방문객은 보통 2~3일 정도 머무니 미치광이 바람이 주는 공포와 스트레스를 알 수 없다. 어떤 분은 당신은 천국에 살아 좋겠다고도 하지만 이 신경질적인 여우 바람과 치워도 치워도 끝이 없는 눈에 두 손 두 발 다 들어야 하는 이곳은 언제나 천국이라 하기 어렵다. 하지만 도시에서 살 때와는 다르게 마음의 여유가 많다. 몇 가지를 포기했더니 더 많은 몇 가지를 얻었다. 나는 또 이곳의 골짜기에 아직도 매일 놀라고 있다. 어느 해에는 너무 힘들고 지쳐 모든 것을 정리하고 서울로 가자고 다짐하기도 했다. 하지만 매해 이곳 자연의 서늘함과 고요함은 우릴 붙잡았고, 우리에게 큰 꿈과 희망을 준다.

매일 외국 사이트나 도감을 펼쳐 보며 새로운 품종을 찾고 씨를 구할 수 있으면 구매한다. 올해 해야 할 정원 일에 몰두해 있으면서도 머릿속은 늘 내년에 키워 볼 특이하고 새로운 식물로 가득 차 있다. 내년에도 나의 정원에서는 다른 집에서는 보기 힘든 꽃이 피어날 것이다. 이것이 나의 자부심이자 정원을 매해 바꾸는 이유다. 국립수목원 선정 '가 보고 싶은 100대 정원'에 선정된 이유도 특별한 꽃을 많이 볼 수 있어서다. 해를 거듭할수록 디자이너가 새로운 옷을 모델에게 입히듯, 정원에도 새로운 꽃을 입히는 것이 나의 취미다. 물론 새와 나비의 낙원에서 인간이 해야 하는 혹독한 노동의 고통 때문에 종종 힘들기도 했다. 아내와 나는 이 정원을 우리 식대로 가꾸었다. 그 열정과 노력이 아직 식지 않았다. 우리가 함께 만들 정원의 미래가 늘 궁금하다.

물론 냉정함도 필요하다. 지금은 더 그렇다. 어느 순간 정원이 식물로 꽉 채워지면 비우는 연습이 필요하다고 느낀다. 가지고 있는 식물을 이웃과 방문객들에게 나누어 주기도 한다. 정원 일을 할수록 감각도 예리해지고 나의 기준도 명확해진다. 수석 정원사인 아내는 이제 나 못지않게 매우 수준 높게 색 조합을 하는 정원사로 거듭났다. 아내는 내가 만난 가장 멋지고 아름다운 정원사다. 그녀의 섬세한 감각과 긴 손가락, 부엉이처럼 큰 눈, 살아 숨 쉬는 크고 흰 심장을 사랑한다.

살바토레정원의 봄꽃

봄은 무섭다. 하루하루 엄청난 광경을 볼 수 있다. 이것이 현실인지 꿈인지 모르겠다. 서리가 오지 않았으면 좋겠다고 생각한다. 정원을 걸어 본다. 양지꽃이 무서운 속도로 자라고 있다. 양지꽃 '모나크스 벨벳'*Potentilla 'Monarch's Velvet'*의 붉은 카펫 같은 색감도 환상이다. 물망초는 또 얼마나 아름다운가? 정말 하나하나 모두 매일 다른 모습을 보여 준다. 앙증맞은 히아신스, 크로커스, 제비꽃*Viola*, 무스카리*Muscari*, 푸시키니아, 모두 앞다투어 봄을 알린다. 며칠 전 드디어 복수초 *Adonis amurensis*와 팬지류가 처음, 두 번째로 꽃을 피웠다. 물론 나만 보았지만. 그래서 더 흥분된다. 언젠가 3월과 4월에 큰 눈이 몇 번 왔다. 정말 쉽지 않았다. 정원을 자세히 둘러보니 여러 품종이 눈을 이불 삼아 잘 버티고 있다가 무더기로 뛰쳐나왔다.

나는 정원을 가끔 '하얀 거짓말'이라 말한다. 까칠한 잎사귀를 가진 오리엔탈양귀비*Papaver orientale*, 숙근양귀비의 여러 품종도 눈에 보이고, 중정원의 여러 식물 역시 그대로다. 종묘사 사장님의 추천을 받아 데려온 새로운 오리엔탈양귀비 여러 종을 심었다. 숙근 제라늄과 백합도 여러 품종 심었다. 연한 감색 꽃을 피우는 양귀비가 눈에 선하다. 꼭 모시 치마 같다. 유럽 원예종 제비꽃의 씨가 떨어진 곳에서 앙증맞은 꽃이 모습을 드러냈다. 마성의 매력을 지닌 튤립과 알리움이 손톱만큼 나왔지만, 나의 영원한 제인 구달 호스타*Hosta*, 비비추, 옥잠화는 아직 보이지 않는다. 중정원에 유카가 근사하게 서 있으면 좋으련만. 혼자 상상해 본다. 여러 품종의 수선화도 눈에 보이기 시작한다.

1. 푸시키니아 스킬로이데스 *Puschkinia scilloides* 2. 히아신스 *Hyacinthus orientalis* 3. 무스카리 아르메니아쿰 *M. armeniacum* 4. 삼색제비꽃 *Viola tricolor* 5. 베르누스크로커스 '리멤버런스' *Crocus vernus* 'Remembrance'

매발톱 Aquilegia

정원 구석구석 다양한 매발톱이 있다. 매발톱속 식물도 많이 모았는데, 지금은 정원에 10여 품종이 있다. 내한성이 좋은 식물이다. 정원의 까칠한 요정 매발톱은 다른 매발톱과 사랑을 나누며 다양한 교잡종을 만들어 낸다. 정원의 바람둥이라 할 만하다.

1. 새매발톱꽃 A. vulgaris 2. 새매발톱꽃 '윙키 더블 다크 블루화이트 Winky Double Dark Blue-White' 3. 새매발톱꽃 '클레멘타인 레드 Clementine Red' 4. 새매발톱꽃 '도로시 로즈 Dorothy Rose' 5. 새매발톱꽃 '타워 다크 블루 Tower Dark Blue' 6. 하늘매발톱 A. japonica 7. 새매발톱꽃 '클레멘타인 다크 퍼플 Clementine Dark Purple' 8. 새매발톱꽃 '윙키 더블 레드화이트 Winky Double Red-White'

정원사입니다

수선화 _Narcissus_

수선화는 사실 키우기 쉬운 식물이다. 수선화는 수선화다운 향이 난다. 구근은 튤립보다 작고, 히아신스보다는 더 작다. 해거리를 하기도 하지만, 키우기 그리 어렵지는 않다. 아무리 내한성이 좋은 여러해살이풀도 이유 없이 떠나지만 수선화는 그렇지 않다. 나는 수선화 '데코이Decoy'를 좋아한다. 그 단아한 느낌의 '프릴'에 빠지곤 한다. 피부 결이 좋은 사람의 얼굴을 보는 것 같은 느낌을 받을 때가 많다. '두두두두두두' 울부짖는 새가 뜰에 찾아오는 계절. 그 소리의 파동이 그려내는 곡선에 맞추어 수선화와 함께 춤이라도 추고 싶다.

수선화는 구근을 캐지 않아서 좋다. 하지만 늦가을 새로운 품종 소식은 또 구근을 사야 한다는 신호다. 여기저기에서 "날 사 주세요!" 아부하듯 카탈로그를 보낸다. 나는 눈을 크게 뜨고 어떤 꽃이 날 유혹하는지 찬찬히 지켜본다. 이름에 반해 꽃을 사기도 한다. 품종명을 유심히 보면 열대 지방의 희귀 새 이름 같다. 어떤 수선화가 우리의 심금을 울릴 것인지, 방문객에 감동을 줄 것인지도 고려한다. 수선화 '핑크 참Pink Charm', 이름도 '참' 예쁘다. 수선화 '타히티Tahiti', 수선화 '테이트어테이트Tete-A-Tete', 수선화 '골든 벨Golden Bell', 수선화 '배럿 브라우닝Barrett Browning', 수선화 '리플리트Replete', 누가 더 앙증맞은가 내기라도 하는 듯하다.

1. 수선화 '모날Monal' 2. 수선화 '핑크 참' 3. 수선화 '스테인리스Stainless' 4. 수선화 '리플리트' 5. 나팔수선화 '화이트 페티코트'_N. bulbocodium_ 'White Petticoat' 6. 수선화 '배럿 브라우닝' 7. 수선화 '아이스 폴리스Ice Follies'. 8. 수선화 종류 9. 수선화 종류 10. 수선화 '아이스 킹Ice king'

수수꽃다리 *Syringa*

수수꽃다리속에는 수수꽃다리, 정향나무, 개회나무, 꽃개회나무, 섬개회나무, 털개회나무, 버들개회나무, 라일락 등이 있으나 꽃 모양이 비슷하게 생겨서 전문가도 구분하기 쉽지 않다. 정원에 있는 중국 라일락, 독일 라일락도 그렇다. 미스김라일락 *S. pubescens* subsp. *patula* 'Miss Kim'과 시링가 메이에리 '팔리빈' *S. meyeri* 'Palibin' 역시 구분하기 어렵다.

정원에 귀촌할 때 가지고 온 라일락 한 그루가 있다. 라일락꽃이 피면 '소녀 감성'으로 충만해진다. 라일락꽃은 어쩌면 차분한 악마일지도. 그 연한 보랏빛에 마음 빼앗길 때가 한두 번이 아니다. 마을 곳곳에 핀 라일락은 정말 아내의 콧날처럼 매혹적인 꽃을 피운다. 흰 꽃을 피우는 흰꽃라일락 *S. vulgaris* var. *alba*도 화사하면서도 애잔한 아름다움이 있다. 보통 대관령에서는 라일락이 5월 중순 이후 꽃을 피우는데, 앙증맞은 타원형 꽃잎이 네 갈래로 갈라진다. 살짝 고약한 느낌도 드는 라일락의 향은 형용할 수 없는 매력이 있다. 그러고 보니 라일락, 은방울꽃, 오스틴 장미, 독일붓꽃, 프랑스 장미 모두 향수를 쏟아부은 듯 꽃에서 천연 향이 난다. 라일락은 굉장히 아름답고 향이 좋아 꽃대가 잡히면 고양이처럼 살금살금 라일락에 다가선다. 라일락은 한국 자생종인 수수꽃다리 *S. oblata* var. *dilatata*, 유럽 라일락, 원예종으로 많이 수입되는 흰꽃라일락독일라일락, 노란 꽃이 피는 북경라일락 *S. pekinensis*, 정원 연못 주변에서 많이 볼 수 있는 중국라일락 *S.* × *chinensis* 등 품종도 다양하고 내한성도 좋아 대관령에서는 봄의 정령처럼 볼 수 있는 나무다. 서양 품종들을 구해 왔을 때 대관령에서는 월동이 힘들지 않을까 걱정했지만 매우 잘 자란다.

1. 수수꽃다리 2. 라일락(서양수수꽃다리) *S. vulgaris*

패모 *Fritillaria*

몇 해 동안 계속 실패를 경험한 패모의 꽃대가 잡히자 설레기 시작했다. 패모속 식물도 여러 품종이 있다. 패모 '페르시카Persica'는 배수가 잘되는 비옥한 토양과 '빛이 드는 그늘'을 좋아한다. 나도 정원에서 '빛이 드는 그늘'을 찾느라 몇 해 고생하기도 했다. 패모 구근에서는 사향 같기도 한 다소 불쾌한 매운 냄새가 난다. 구근은 수분에 약하므로 배수가 좋지 않은 곳에서는 곰팡이가 생길 수 있다. 초봄 정원에서는 백합처럼 높게 자라는 식물이 드물기 때문에 패모속 식물은 초봄 정원에서 주목받는다. 프리틸라리아 임페리알리스F. imperialis, 프리틸라리아 우바불피스F. uva-vulpis, 사두패모F. meleagris 등 다양한 품종이 나의 호기심을 자극한다. 종 모양의 꽃이 수두룩하게 달리면 덩달아 내 기분도 매우 화사해진다. 프리틸라리아 임페리알리스는 방향을 잘 선택해야 정원에서 꽃을 볼 수 있는 까탈스러운 녀석이다. 우리는 이 꽃의 까칠한 우아함을 좋아한다. 누구와도 타협하지 않는 굉장한 식물이다. 비와 눈을 싫어해서 더욱 키우기 어렵다. 외계 종족 같은 프리틸라리아 임페리알리스 '막시마 루테아Maxima Lutea'가 꽃대를 올리면 나는 신이 난다. 냄새가 고약한 패모는 굉장히 독특한 꽃을 피우는데, '루테아' 꽃은 특히 더 요염하면서도 우람하다.

1. 프리틸라리아 우바불피스 2. 프리틸라리아 임페리알리스 '루브라 막시마Rubra Maxima' 3. 사두패모 4. 프리틸라리아 임페리알리스 '막시마 루테아' 5. 프리틸라리아 페르시카 6. 프리틸라리아 페르시카 '아이보리 벨스Ivory Bells'

할미꽃 *Pulsatilla*

할미꽃을 보면 말없이 서 있는 기품 있는 할머니가 연상된다. 꽃을 보면 어릴 때 할머니가 입고 있던 앙고라 스웨터 같다. 실제로 꽃이 피는 과정을 보면 이렇게 아름다운 꽃이 있나 할 정도로 너무 예쁘다. 잎자루도 너무 환상적이다. 잎은 미나리아재비과 *Ranunculaceae* 식물의 전형적인 잎이다. 대관령에서는 할미꽃이 5월경에 핀다. 자주색, 보라색, 홍자색 꽃도 굉장한 색감을 뽐내며, 식물 전체에 털이 매우 많다. 이 할미꽃을 살바토레정원 돌 사이에 심었는데, 매년 잘 자라 준다. 아내는 토종 할미꽃을 좋아한다. 학명은 *P. koreana*, 즉 '한국 할미꽃'이다. 우리 특산식물 동강할미꽃 *P. tongkangensis*도 사랑스럽다. 붉은유럽할미꽃 *P. vulgaris* var. *rubra*도 여럿 있다. 아, 고풍스러운 할미꽃!

1. 붉은유럽할미꽃 2. 할미꽃 종류

만첩해당화 *Rosa rugosa* for. *plena*

만첩해당화 정명 아님는 대관령과 오대산 일부에 자생하는 장미다. 이 만첩해당화는 해당화와는 다르게 꽃이 겹으로 핀다. 잎 표면에는 주름이, 잎 뒷면에는 잔털이 빽빽하게 나 있으며, 선점이 있고, 가시에는 융털이 있다. 누군가는 쌍으로 나는 가시가 있어 토종 장미인 생열귀나무 *R. davurica*와 해당화의 교잡종인 것 같다고도 한다. 어느 해 4월에 찾아온 폭설로 만첩해당화의 긴 소지가 두 개 꺾여 마음 아팠지만 본대는 살아 있어 다행이다. 4월에 눈이 오면 새순과 가지가 혹시라도 꺾일까 봐 눈 털기에 바쁘다. 무척 사랑하는 나무라 정원사는 이 나무를 잘 키워야 한다는 마음에 늘 마음이 불안하고 초조하다. 잎눈이 터지면 그저 애정 어린 순수한 눈으로 바라보게 된다.

금낭화 *Lamprocapnos*

금낭화 꽃은 너무나도 사랑스럽다. 작은 방울들이 하나, 둘, 셋, 넷, 달려 있는 모습이 꼭 가족 같다. 조그마한 방울들이 매일 커진다. 저절로 웃음이 난다. 흰 품종은 유럽 종인데 생각보다 잘 퍼지지는 않는다. 붉은색 꽃을 피우는 금낭화는 설악산에 자생지가 있다는데, 실제 산에서 한번 만나고 싶다. 금낭화는 집 입구, 중정, '바흐의 숲' 뒤, 하우스 옆에서도 잘 자란다.

1. 금낭화 *L. spectabilis*   2. 흰금낭화 *L. spectabilis* 'Alba'

복주머니란 *Cypripedium*

복주머니란꽃을 너무 좋아해 자주 사진으로 기록한다. 여러 복주머니란속 식물을 보고 그 외계인 같은 모습에 '유레카'를 외쳤다. 귀촌 첫해 이장형 형수님이 이사 온 기념으로 잘 키우라고 주셨는데, 매해 정원에서 잘 자라고 있다. 난초목 난초과에 속하는 복주머니란은 처음에는 '개불알꽃'이라는 이름이었고, 작란호 또는 요강꽃이라고도 불린다. 학명을 찾아보니 *Cypripedium macranthum*이다. 이 멸종위기 야생식물 2급 식물인 복주머니란의 모습이 얼마나 고귀하고 소담한지, 늦은 봄이나 초여름에 땅을 뚫고 나오는 그 모양이 산새를 닮았다. 잎에 골이 진 모습도 너무 아름답다. 한 폭의 그림 속 문양 같다. 매우 좋아하지만 까다로운 식물이다.

블루벨 *Hyacinthoides*

블루벨속 식물의 꽃대에는 너무 귀엽고 작은 종 같은 앙증맞은 꽃이 수십 여 개나 달린다. 스페인블루벨*H. hispanica*은 이베리아반도가 원산지인 여러해살이 구근식물인데, 대관령에서 얼마나 아름답게 개화하는지 정말 혼자 보기에 아까울 지경이다. 이렇게 예쁜 푸른색 꽃을 피우는 식물이 또 있을까 싶다. '로즈 퀸Rose Queen'이라는 품종은 꽃이 분홍색인데, 이 색감도 남자 정원사의 마음을 뒤흔든다. 하지만 구매하지는 않았다. 참을 줄도 알아야 한다.

피나물 *Hylomecon vernalis*

한국 특산식물 매미꽃*Coreanomecon hylomeconoides*과 피나물노랑매미꽃은 동정하기 쉽지 않다. 매미꽃은 꽃줄기가 뿌리에서 바로 나온다. 피나물은 꽃줄기가 잎겨드랑이에서 나온다. 피나물의 성장 과정을 대관령에서 볼 수 있다는 것만으로도 그저 신기하다. 나는 이 식물을 심은 적이 없는 것 같은데 정원 한구석에서 나왔다.

페라르고니움 *Pelargonium*

지금도 많은 페라르고니움속 식물이 제라늄으로 불린다. 씨를 심었는데 싹이 나왔다. 앙증맞다. 부드러운 상토를 뚫고 새 잎이 나오면 기적처럼 아름답다. 여러 페라르고니움 식물을 파종해 만들어 보았다. 죽기도 했지만 어떤 품종은 이렇게 창가에 두면 환상적으로 자라기도 한다.

호스타 *Hosta*

오래된 나의 정원에서 식물들은 여러 문양으로 존재감을 드러낸다. 몸에 '문양'을 새겨 넣는 식물의 선두 주자는 바로 호스타다. 여러해살이풀로 쉽게 옥잠화와 비비추로 나누기도 한다. 연한 연둣빛 초록빛 잎이 둘둘 말려 있다가 펴지면서 커지는 모습이 굉장히 매혹적인데 아름답기 그지없다. 살바토레정원에는 많은 호스타 품종이 있다. 구역 가장자리에 크레파스로 색을 칠하듯 식재했다. 흰색과 연보라색 꽃이 피는데, 다양한 유럽 원예종 호스타는 잎의 예술이 무엇인지 보여 준다. 내한성도 강하다.

옥잠화, 비비추, 무늬호스타 등의 이름으로 불리는 다양한 호스타 품종.

뒷산에서 만나는 봄의 연인

뒷산에서 드디어 봄이 왔다는 신호를 보낸다. 늦은 강설에도 불구하고 꿩의바람꽃Anemone raddeana이 핀 것이다. 인근에 홀아비바람꽃A. koraiensis도 나타났다. 바람꽃으로 부르는 종은 현재 5속으로 바람꽃속Anemone, 매화바람꽃속 Callianthemum, 만주바람꽃속Isopyrum, 나도바람꽃속Enemion, 너도바람꽃속Eranthis 으로 구분된다.

대관령은 백두대간 아고산 지대라 백과사전에서나 볼 수 있는 희귀종 식물들이 많다. 내가 도감에서 본 식물이 대관령에 총집합한 느낌이다. 봄에 피는 야생화만 봐도 대략 절기를 알 수 있을 정도다. 어느 해부터 도감을 가지고 산 곳곳을 다람쥐처럼 돌아다니며 뒤졌다. 정말 신기한 놀이터였다. 집 문을 열고 나와 바로 일본잎갈나무 길을 걸으면 원예 도감에서 본 특산식물들이 하나씩 나타난다. 여행하는 듯한 기분에 사로잡힌다. 내가 정원에서 키우는 유럽 원예종의 원종이 대관령 산에도 꽤 많았다. 정말 눈물이 흐를 정도로 아름답다. 그래서 깊은 산에서 자주 소리쳤다(물론 아무도 없었지만).

봄은 빛의 유희다. 햇빛이 숲에 침범하면 드디어 봄 요정들이 나타난다. 어제만 해도 고개를 숙이고 있었는데 개체가 하나씩 혹은 무리 지어 당당하게 나타난다. 침묵하고 있던 나무의 겨울눈이 드디어 꽃눈과 잎눈을 터뜨리면서 이 추운 대관령에도 봄이 왔음을 알린다. 1미터 이상 쌓여 있는 눈과 함께 진행된 겨울 쇼가 끝나면 거짓말처럼 새순과 야생화가 보인다. 나도 덩달아 신이 난다. 새들도 짝짓기를 시작하는지, 호르몬 변화가 생겼는지, 숲속 성악대회가 열린다. 아름다운 소리에 취한다. 봄빛, 새 소리, 회화적인 새순의 자태. 가장 먼저 비슷한 시기에 산에서 너무 아름다운 꽃을 피우는 나무는 버드나무 종류인 유가래나무, 생강나무,

1. 왜현호색Corydalis ambigua 2. 조선현호색C. turtschaninovii 3. 생강나무Lindera obtusiloba 4. 유가래나무Salix xerophila f. glabra 5. 올괴불나무Lonicera praeflorens

106

토슈즈를 신은 발레리나를 연상시키는 꽃이 피는 올괴불나무다. 잎이 예쁜 꿩의바람꽃도 봄의 정령처럼 나타난다. 서덜취, 앉은부채, 참졸방제비꽃, 홀아비바람꽃도 여신처럼 나타난다. 며칠이 지나면 댓잎현호색_C. turtschaninovii_, 왜현호색_C. ambigua_이 히말라야푸른양귀비_Meconopsis betonicifolia_처럼 푸른색 옷깃을 뽐내며 대관령에 입성한다. 눈부시다.

전국의 산과 들에서 흔하게 볼 수 있는 여러해살이풀인 미나리아재비_Ranunculus japonicus_. 대관령 바우길에서도 듬성듬성 무리 지어 핀 미나리아재비꽃을 만날 수 있다. 정말 환상적인 식물이다. 대관령의 경우 노란색 미나리아재비꽃은 6월에 줄기 끝에 취산꽃차례를 이루어 핀다. 꽃잎은 다섯 개이고, 둥그스름한 거꿀달걀형인데, 매우 아름답다. 누가 일부러 심지 않았는데 씨가 날아와 나의 정원에서도 아담하게 군락을 이루고 있다. 호스타, 물망초와 함께 어우러져 환상적인 봄꽃 만찬으로 초대해 준다. 실제로 보면 수백 배 더 예쁘지만, 사진으로만 봐도 좋다. 나는 많은 남자가 꽃을 좋아했으면 좋겠다고 생각한다.

굉장히 까탈스러운 얼레지_Erythronium japonicum_도 빼놓을 수 없다. 얼레지는 고산지대에서 피는 식물로 이식이 매우 힘들다. 전 세계에 20종 이상 얼레지속식물이 있지만, 우리나라에는 단 1종이 서식한다. 살바토레 뒷산에 무리 지어 피는데, 보통 4월 1일~15일 정도에 만날 수 있다.

어느 날 산책하다 만난 만개한 하얀 귀룽나무꽃도 **빼놓을 수 없다**. 이 장미과 낙엽교목은 깊은 산에서도 눈에 띈다. 야트막한 산에서 처음 귀룽나무꽃을 보았을 때 마치 나무에 흰 손수건을 가득 매달아 놓은 것 같았다. 귀룽나무는 주로 산골짜기에서 자라는데, 봄이 시작될 때 나무에 작은 흰 꽃이 덕지덕지 달린다. 하나하나의 꽃은 작고 존재감 없어 보이지만 커다란 나무에 무리 지어 조용히 매달려 있는 모습은 언제나 감동을 준다.

---

1. 얼레지 2. 꿩의바람꽃 3. 복수초 4. 산괴불주머니_Corydalis speciosa_

2.
꽃을
기다립니다

정원사는
매일 꽃을 생각한다

꽃을 좋아하는 마음은 엄마의 정원에서 시작되었다. 엄마는 내가 어릴 적부터 보랏빛 꽃을 좋아했다. 그때는 정원에 국화류나 장미류가 대부분이었다. 호기심 많은 아이에게 정원은 더없이 놀기 좋은 곳이었다. 어릴 적 집 앞은 곳곳이 정원이었다. 그때의 정원은 엄마와 손잡고 달려가면 그네만 탈 수 있는 곳이 아니라 원색의 꽃들이 춤을 추는 롤러스케이트장 같았다. 아직도 어느 사진작가 아저씨가 촬영 보조원과 함께 정원에서 장미 촬영을 했던 날이 기억에 남아 있다. 그 보조원 여성이 이슬처럼 보이게 하려고 분무기로 꽃에 물을 연신 뿌리고 있었다. 그때는 그저 신기하기만 했다. 어렸을 적부터 나는 개인 주택에 살았다. 신혼 때를 제외하고는 아파트에 산 적이 없다. 그래서 자연스럽게 마당에 피어난 꽃들을 어려서부터 보며 자랐다. 원산지를 알 수 없는 하이브리드 장미, 단순한 홑겹 튤립, 꽃잎이 큰 팬지류, 내 키보다 더 큰 국화류, 봉숭아, 그림같이 깎아 놓은 분재, 그리고 딱 한 포기였던 작약이 어렸을 때 엄마의 정원에서 본 추억의 식물들이다.

6월 말부터 8월까지 대관령 정원은 절정을 맞이한다. 다른 지역에서는 다 진 꽃이 대관령에서는 이 계절에 화려함을 뽐낸다. 특히 이곳은 고온다습하지 않아 꽃들에게 천국이다. 품종별로 시간차를 두고 "나는 이렇게 아름다워" 하고 외치며 하나둘 나와 정원에 수를 놓는다. 아직 모두 잠들어 있는 새벽 다섯 시경, 그런 꽃을 보러 카메라를 들고 나간다. 오래된 스피커 볼륨을 살짝 올려 모차르트의 아리아를 들으며 그곳을 걸으면 참으로 즐겁다. 나에게 이곳은 특히 여름이 천상의 낙원이다. 타샤의 책과 헤세의 시와 그림이 모두 현실에 펼쳐진다. 그 순간에는 소프라노 이디스 마티스Edith Mathis가 부르는 모차르트의 레퀴엠마저도 장송곡이 아닌 피어나는 백합을 위한 춤곡 같다. 내가 화가라면 매일 여름 정원의 모습을 그렸을 것이다.

정원이 동화 속 그림처럼 풍성해지면 나는 매일 세상 어디에도 없는 특별한 나의 정원으로 화려한 휴가를 떠난다. 키케로는 이런 말을 했다. "집에 꽃과 책, 음악이 넘치게 하라." 나는 이 말을 나의 좌우명으로 삼았다. 정원사인 나는 내 정원의 식물이 보여 주는 '다양성'에 자주 고무된다. 늘 새로운 시도를 할 수 있고 변화하는 땅이 있으니 이 얼마나 영감 넘치는 커다란 스케치북인가?

대관령의 여름 정원은 다른 지방과는 매우 다르다. 시기도 한 달 정도는 늦고, 여름도 밤에는 냉장고 같은 날씨라 모든 꽃에 윤기가 돌고 색감도 짙다. 이곳에 있으면 색채가 춤을 춘다고 느낄 수 있다. 꽃의 향연이 펼쳐진 곳에서는 모든 식물이 위대해 보였고, 나는 매일 그 모습을 보고 사진으로 기록했다. 꽃 사진을 남자 친구들에게 보여 주면 반응이 없었다. 다들 바빴다. 우린 도대체 뭐가 그리 바쁜 것일까. 누군가 그랬다. 대한민국에서 남자가 꽃과 오페라, 클래식, 그림을 좋아하면 회사에서 승진을 포기하거나 혼자 놀아야 할 것이라고. 결국 나는 승진보다 즐기는 것을 택했다.

파티 장소에서 보는 꽃이나, 가든 쇼에서 만개한 계절의 꽃을 보면 식물을 다루는 일이 너무나 멋져 보인다. 그래서 정원사나 농부가 낭만적이고 근사한 직업으로 느껴지기도 한다. 물론 실제로 흙을 만져 보고, 거름을 연구하고, 날씨에 상처받고, 원예 기구들을 다루어 본 사람이라면 이 일이 그렇게 낭만적이지 않다는 사실을 알 수 있다. 직업적 고독 없이 무언가를 이룰 수 있는 사람은 없다는 말도 있지만, 정원사나 농부는 굉장히 부지런해야 하고 무척이나 고단한 노동을 해야 한다. 바쁜 농장이나 종묘사에 가 보면 일에 찌들어 피곤해 보이는 체격이 크고 얼굴이 시커멓게 탄 주인장을 종종 볼 수 있다. 원예 관련 책을 보거나 아름다운 꽃 사진을 찍을 때, 성공한 농장을 바라볼 때, 취미로 소소하게 즐기는 사람들을 볼 때는 근사해 보일 수 있지만 매일 해야 하는 일들이 습관이 되고 의무가 되다 보면 언제부턴가 즐거움은 사라지고 부담감이 턱밑까지 밀려오기 시작한다. 스트레스가 매일 친구처럼 손을 붙잡는다. 코피가 터질 정도로 정원에서 일하는데 무거운 호스는 뒤죽박죽 꼬이기 시작하고, 분갈이를 해야 할 화분은 왜 이렇게 무거운지 신경질도 부린다. 나는 돈을 이렇게나 들였는데 심어 놓은 구근식물이나 숙근초가 마음대로 나와 주지도 않는다. 어쨌든, 죽은 것이다. 식물과 이별하는 일은 매우 슬프다. 친구에게 준 식물은 그 집에서 너무 완벽하게 자라는데, 정작 내 정원에서는 그렇게 자라지 않거나 싹조차 나지 않는 경우도 있다. 가끔 내가 지나치게 공을 들였는지, 아니면 거름이 부족한 것인지, 엽면시비액체 비료를 식물의 잎에 직접 공급하는 방법가 너무 과했는지, 별의별 생각이 또 나를 짓누른다. 그럼에도 불구하고 정원사는 매일 꽃을 생각한다.

엄마는 나에게 꽃을 사랑하는 마음을 물려주었다. 정원을 둘러보는 엄마와 아내.

장미와 홑겹 튤립, 팬지는 엄마의 정원에서 늘 바라보았던 추억의 식물이다.

드디어 봄, 식물의 여왕
튤립을 만나는 시간

"개화 직전 튤립은 밤의 소프라노 같습니다. 너무 추워 잔뜩 오므리고 있다가 온유한 날씨가 찾아오면 꽃들은 꽃잎을 활짝 열어 그 섬세함을 이곳에 보여 줍니다. 당신은 이 꽃을 얼마나 기다렸나요? 멀리서 찾아오는 당신은 정말 굉장히 자유로운 새입니다."

대관령에도 드디어, 드디어, 애타게 기다리던 봄이 나풀나풀 찾아왔다. 봄이 찾아오면 나는 바빠진다. '뉴 페이스' 식물과 바람은 온유하게 악수한다. 나의 상상적 언어 중 은유 유희가 총동원된다. 하지만 아직은 차갑고 고통스러운 바람 때문에 잠이 오지 않는다. 정원사는 마음이 조급해진다. 온통 신경이 정원과 하우스, 하루하루 다르게 올라오는 새싹들, 여러 소모성 구근, 파종할 한해살이풀의 씨, 유럽에서 온 씨와 새로 나온 원예 책들로 향해 있다. 준비할 것이 많아지니 불안과 초조, 예민함이 날로 더해 간다.

이 와중에 여왕 튤립이 개화한다. 물론 더 빨리 꽃이 피는 식물도 있다. 복수초가 시작이다. 다음 키 작은 푸시키니아가 푸른 등줄기로 숨을 쉰다. 그다음은 레티쿨라타붓꽃 '캐서린 호지킨'이나 크로커스, 다음은 제비꽃, 실라 시베리카, 히아신스 순이다. 하지만 이 작은 식물들은 튤립이 나오기 전, 본 무대의 2부 리그 주인공들이다. 초봄에 피는 다른 꽃들은 '오프닝' 무대를 장식할 뿐이다.

튤립은 나에게 식물의 여왕이다. 그해 정원의 모든 것을 보여 주는 대관식의 주인공이라고나 할까? 나에게는 그 어떤 관능적 꽃이 있다 한들 튤립을 능가할 수 없다. 튤립을 보면 귀부인들이 겨울이 지난 후 고고한 드레스를 입고, 투명한 와인 잔을 들고 서 있는 듯하다. 살바토레정원 초기부터 키운 현대 튤립은 품종도 다양하다. 매년 정원사를 유혹한다. 16세기 후반 아시아(터키)의 한 식물이 유럽을 휘어잡고 구근 수집가를 탄생시켰다. 작년 11월 심었던 구근 무리가 여러 색과 모양으로 나타났다. 아름답고 수려한 패턴의 종결자, 예민한 봄꽃의 제왕 튤립! 대관령의 튤립은 고혹적이다 못해 파괴적일 정도로 그 존재감이 굉장하다. 단 몇 페이지에 튤립을 소개한다는 것 자체가 자존심이 상한다. 나는 내 정원에서 피는 튤립을 보며 대관령의 일교차가 주는 스트레스가 꽃의 색과 형태에도 지대한 영향을 미친다는 사실을 알았다. 대관령에서 자란 튤립들은 개화 기간이 길다. 색은 얼마나 고매하고 차분한지. 그 독특한 색감에 감탄하고 만다. 초봄이 되면 쓸쓸했던 정원에 믿기지 않을 정도로 멋있는 패션모델들이 서 있는 모습을 보게 된다. 그 계절에 그렇게 화사하고 큰 꽃은 보기 어렵다. 튤립은 대관령의 춥고 긴 겨울 6개월이 끝나 간다는 신호탄이다. 나는 튤립을 모으기 시작했다. 모은다기보다 매년 여러 품종을 구해 심고, 해가 지나도록 두기도 했다가, 어느 해에는 캐기도 했다. 튤립은 아내와 내가 가장 좋아하는 식물이다.

튤립은 우리에게 겨울을 이겨 냈다는 사실을 축하하는 꽃이자, 정원에 봄이 찾아왔다는 정원의 은밀한 신호이기도 하다. 나는 차가운 얼음판을 깨고 병아리처럼 나온 튤립의 당찬 모습에 마음 빼앗긴다. 음흉한 바람을 보내며 심술을 부리는 대관령에서 숲의 요정처럼 완벽한 화형으로 나타나 진한 꽃색을 뽐내는 튤립 무리를 매년 연구하며 키우고 있다. 차가운 바람 속에서 정원 일을 시작할 때면, 그 시간을 은자隱者의 고독이라 생각하곤 한다. 새벽, 아침, 밤마다 펼쳐지는 고립의 황홀이라고나 할까? 어쨌든 가드닝은 매우 설레는 일이다. 튤립은 사계절 중 봄을 기다리면서 가장 많이 이야기하는 식물이다. '카키 앵무새'라 부르는 나의 아내 엘레나와 나는 튤립과 작약 앞에서는 '배알'도 없다.

4월의 차가움이 30일 이상 지나면 튤립 '프린세스 이레네Prinses Irene'와 함께 봄이 찾아온다. '프린세스 이레네'는 독일의 숙근초 육종가 칼 푀르스터의 정원을 가꾼 딸 마리안네의 정원에도 있는 튤립이다. 튤립 '빌렘 판오라녀Willem van Oranje'와 비슷하게 생겼으나 다르다. 꽃의 형태도 다르고, 이른 봄에 피는 꽃의 색도 짙은 오렌지색이다. 봄에 튤립이 시선을 끌면 방문객들은 어찌할 줄 모른다. 이른 봄 찾아오는 연둣빛도 수백 가지가 넘는다. 이것은 경험해 본 사람만이 안다. 어느 해인가 꽃시장에서 '프린세스 이레네'를 저렴하게 팔았다. 내 기억에 이 튤립은 주황색 꽃잎에 자신들만의 징표 같은 묘한 무늬를 새겨 놓았다. 다양한 각도에서 봐도 신비스러운 튤립이다. 영국왕립원예협회RHS가 매년 주최하는 첼시 플라워 쇼에서 '영국왕실원예협회 선정 우수 정원식물상RHS Award of Garden Merit'을 수상한 '프린세스 이레네'는 청정고원에서 자라서 그런지 생동감이 넘친다. 밤이 냉장고 같아서 모든 식물의 촉감도 다르고, 잎도 더 매끈하다.

우리가 너무나 사랑하는 튤립 중에 '퀸 오브 나이트'가 있다. 꽃이 굉장히 짙은 보라색, 어떻게 보면 검은색처럼 보이기도 한다. 이 튤립은 새벽마다 서리가 내리면 그 서리가 미세하게 녹아 꽃잎 겉에 얇게 얼음 막을 형성한다. 튤립에 관해서 만큼은 겸손해지기 싫을 때가 많다. 이런 튤립의 형상은 대관령에서만 볼 수 있다고 확신하기 때문이다. 차가운 공기와 얼어붙은 대지 위에서 형형색색으로 얼었다가 살얼음처럼 살짝 녹고 있는 튤립꽃이 보여 주는 진정성은 언어로 표현하기 힘들 정도로 깊다.

튤립 '아케보노Akebono'는 매일 다른 모습이다. 대관령에서는 꽃이 한 20일 정도는 갈 것이다. 낮에 그리 덥지 않고 밤에는 냉장고 같으니 말이다. 해가 뜨고 지고, 빛이 나타났다 사라지고, 역광·순광·사광일 때 꽃의 투명함이 모두 다르다. 그리고 튤립은 추우면 자세를 낮추고 수그린다. 이 추운 마을에도 산벚나무꽃이 피고 개나리꽃이 핀다. 그리고 튤립꽃이 서서히 만개하는 시기에 대관령은 사과나무와 배나무가 꽃 피울 준비를 한다. 잔잔한 파스텔톤의 사과나무꽃은 색채가 환상이다. 이제 본격적으로 대관령에도 '꽃들'이 다가온다.

여하튼 나는 튤립을 너무 사랑한다. '아케보노', '시티 오브 밴쿠버City of Vancouver', '반자 루카Banja Luca', '크리스털 뷰티Crystal Beauty', '호날두Ronaldo', '타임리스Timeless', '베로나Verona', '새먼 임프레션Salmon Impression', '플레이밍 플래그Flaming Flag', '퀸 오브 나이트', '로열 버진Royal Virgin' 등 내 정원에서는 여러 튤립 품종이 춤을 춘다. 봄이면 이 튤립들이 정원에 멋진 색을 입힌다.

원종 튤립도 새처럼 예쁘다. 툴리파 클루시아나 '투베르젠스 젬'Tulipa clusiana 'Tubergen's Gem', 툴리파 바탈리니이 '브라이트 젬'T. batalinii 'Bright Gem', 툴리파 클루시아나 '틴카Tinka', 툴리파 투르케스타니카T. turkestanica, 툴리파 프라에스탄스 '쇼군' T. praestans 'Shogun', 모두 화려한 크리스챤 디올 모델 같은 원종 튤립이다. 튤립 '가보타Gavota', 튤립 '불릿Bullit', 튤립 '애드 렘Ad Rem', 튤립 '업스타Upstar' 역시 굉장한 색감으로 정원사를 유혹한다. '트리플에이Triple A', '마릴린Marilyn', '유메 노 무라사키Yume No Murasaki', '옥스퍼드스 엘리트Oxford's Elite', '오렌지 프라이드Orange Pride', '카단스Cadans',

'오렌지 주스Orange Juice', '콜럼버스Columbus' 등 다양한 품종의 현대 튤립들은 계속 나의 정원에 찾아와 매혹한다.

언젠가부터 튤립을 '꽃다발형'으로 심고 있다. 이렇게 심으면 튤립이 얼음 성을 깨고 나온 것처럼 보인다. 우리는 군인 줄 세우듯, 모내기하듯 식물을 심는 것을 좋아하지 않는다. 축제나 식물원에서 많이 볼 수 있는 영혼 없는(?) 모내기식 좌우 배치에 이미 많이 좌절했다. 그래서 아내와 나는 이왕이면 자연스러우면서도 우아하고 낭만적으로 보일 수 있도록 식재한다. 그 '꽃다발형 튤립'을 보려면 창조적 심미안과 상상력이 필요하다. 구근을 바짝 붙여 심는 것이다. 서로의 몸이 닿아 서로 사랑하게 되면 더 멋지게 자라겠지.

그리고 거름을 듬뿍 준다. 내가 가장 좋아하는, 가드닝 20년 차 정원사가 만든 '끝판왕' 거름을 준다. 아무도 모르는 거름이다. 사실 나도 아무것도 몰랐던 처음에는 듬성듬성 군대 사열하는 스타일로 식물을 심었다. 하지만 곧 이 스타일에 싫증이 났고, 한계를 느꼈다. 그래서 튤립을 내 스타일대로 심는 것이 어느 해부터인가 가능해졌다. 심장형, 원형, 사각형 등 다양한 형태를 생각하며 흙 속에 구근을 집어넣었다. 예술가적 정원사는 무한 상상에서 시작된다. 일부러 튤립은 품종별로 50여 개 또는 100여 구를 심는다. 그것도 서로의 허리가 닿도록 구근을 아주 가깝게 심는다.

내가 10여 년 이상 튤립을 키워 본 경험과 외국 사이트에서 본 가드닝 팁을 종합했을 때 튤립을 잘 키우려면 이 점을 기억해야 한다. 튤립은 유기질이 풍부하고, 배수가 잘되며, 중성이거나 약산성인 토양에, 하루에 적어도 6~7시간 이상 빛이 들어오는 장소에 심는 것이 좋다. 기후가 서늘하고 일교차가 크면 색이 깊고 꽃대도 탱탱해진다. 구근 높이의 서너 배쯤 깊이로 구근을 심는다. 식재할 때 거름을 듬뿍 주는 것을 잊지 말자.

1. 살바토레정원에서 자라는 다양한 튤립 품종의 모습. 2. 일교차가 큰 대관령에서는 이렇게 꽃봉오리가 벌어지기 전에도 예쁘다. 꽃다발형으로 자라도록 모아 심으면 좋다.

1. 튤립을 다양한 꽃 색이 섞이도록 심어 보자. 2. 아담한 정원이지만 매년 다른 품종의 튤립이 나오게 심고 있다.

1. 튤립 '애프리콧 임프레션Apricot Impression' 2. 튤립 '오렌지 엠퍼러Orange Emperor' 3. 튤립 '아케보노Akebono' 4. 튤립 '핑크 다이아몬드Pink Diamond' 5. 튤립 '핑크 임프레션Pink Impression' 6. 튤립 '아메리칸 드림American Dream' 7. 튤립 '레드 임프레션Red Impression'

1. 튤립 '스프링 그린Spring Green' 2. 튤립 '퀸 오브 나이트Queen Of Night' 3. 튤립 '반자 루카 Banja Luka' 4. 튤립 '엑조틱 패럿Exotic Parrot' 5. 튤립 '스프링 그린Spring Green' 6. 튤립 '오르카Orca' 7. 튤립 '안젤리크Angelique' 8. 툴리파 타르다(원종 튤립)T. tarda

'중간봄'의 요정들

정향풀의 하늘빛 꽃

정원사에게 봄은 최소한 초봄, 중간봄, 늦봄으로 구분되어야 한다. 아니 더 나눌 수도 있다. 이미 수많은 고비와 풍파를 겪은 오래된 정원은 10년 차를 넘어서자 열흘을 기점으로 무시무시하게 꽃들이 피고 지는 패턴을 반복한다. 피고 지는 꽃은 달라져도 정원사는 같은 일을 반복해야 한다. 물도 주어야 하고, 식물의 고유한 특성도 이해해야 하고, 어느 식물군끼리 조화를 잘 이루는지 관찰도 해야 한다. 물론 감각적으로 식물의 색을 조합하는 일도 정원사의 몫이다.

카키 앵무새와 파종한 한해살이풀이 5월 초를 기점으로 화분과 정원에 정식될 것이다. 그리고 각종 구근식물도 정원에 입성할 준비를 마친다. 이미 우리 정원은 포화상태라 무엇을 더 심을 곳도 없지만, 그럼에도 불구하고 이제 땅은 서서히 열리기 시작한다. 이맘때 가장 좋아하는 정향풀의 연푸른 꽃이 피어난다. 그 익숙하지 않은 색감이라니!

'하설초'라 부르는 우단점나도나물 *Cerastium tomentosum*은 점나도나물속 *Cerastium*, 정향풀은 정향풀속 *Amsonia* 식물이다. 이 두 식물은 대관령 나의 정원에서 잔잔한 푸른 호수처럼 매우 아름다운 색의 꽃을 피운다. 우단점나도나물의 영어 이름은 'Snow in Summer.' 말 그대로 '하설초'다. 하설초 삽수삽목을 하기 위하여 모체로부터 분리한 어린 가지나 뿌리를 원하는 사람에게 식물 나눔을 하기도 한다. 우단점나도나물은 내한성도 좋아 봄 정원의 효자 식물인데, 잘 퍼지기도 해 이 식물도 종종 '꽃 친구들'에게 선물한다. 현재 대청도에서만 자생한다고 알려진 정향풀*Amsonia elliptica*은 멸종 위기 2급으로 지정된 희귀한 특산식물이다. 나는 별정향풀*A. tabemaemontana*을 키우고 있는데, 정원에서 이 식물을 키워 보니 꽃의 푸른빛이 무척이나 우아하다. 이렇게 연한 푸른빛을 띤 예쁜 꽃은 드물다. '암소니아'라고도 부르는 정향풀속 식물의 옅은 푸른색 꽃에 반해 몇 해 전 어렵게 별정향풀을 구했는데, 키우면서 애를 먹었다. 꽃은 5월 말에 피고 하늘색이며 줄기 끝에 정생줄기의 맨 끝이나 꼭대기에 남하는 취산꽃차례꽃 아래에서 또 각각 한 쌍씩의 작은 꽃자루가 나와 그 끝에 꽃이 한 송이씩 달리는 꽃차례로 달린다.

오랜 시간 월동하고 봄에 새싹이 올라오면 그 자태가 애잔하고 고상한데 별 모양 같은 꽃이 피면 정말 환상적이다. 꽃이 진 후에도 그 기린 목 같은 모습으로 여름까지 서 있다. 대관령 바람에 하늘거리는 모습은 꼭 푸른 행성에 나풀거리는 신비의 식물 같다. 《어린 왕자》 버전으로 표현하자면 〈라붐 2〉에 나오는 소피 마르소를 보는 것 같다. 이 연푸른 꽃이 나오면 프란츠 베르펠의 장편소설 《옅푸른색 잉크로 쓴 여자 글씨》라는 책의 표지가 생각난다. 별정향풀은 가을까지 갈대처럼 정원 한구석에 남아 있는데, 그곳을 서성거리다가 매일 그 하늘거림에 푹 빠지고야 만다. 많은 손님이 저 식물은 도대체 무엇이냐고 많이 물어본다. 꽃이 지고 난 후에도 그 하늘거리는 형상에 다들 놀라는 표정이다. 별정향풀이 참 좋다.

1. 털점나도나물 '질버테피시' *Cerastium tomentosum* 'Silberteppich'   2. 별정향풀

새침데기 진달래속

진달래, 철쭉, 만병초 등이 속하는 진달래속*Rhododendron* 관목을 깊은 산에서 보면 가슴이 철렁한다. 이 낙엽 활엽 관목들은 눈부시다. 봄의 태양이 서서히 구애하면, 숲에서는 몸통이 굵어진 진달래속 관목들이 분홍빛 풍경화를 연출한다. 고독한 숲을 홀로 걷다 만나는 진달래속 식물은 그들만의 지조가 있다. 산에서 만나는 진달래꽃은 고운 얼굴로 수줍게 웃는다. 분홍빛 레이스 같은 철쭉꽃은 귀티가 줄줄 흐른다.

그 귀하다는 미색 만병초는 근엄한 산의 철학자 같다. 이러니 나는 또 매일 카메라를 들고 나갈 수밖에 없다. 희귀한 미색 만병초는 대관령에서도 깊은 산꼭대기인 황병산과 발왕산 정상 중턱, 인간의 손이 닿지 않는 곳에 오만해 보일 정도로 마음대로 서식하고 있다. 만병초를 키우려고 몇 번을 시도했지만 그것은 꿈이었다. 몇 번의 실패 후 만병초는 마음속으로만 키우고 그들의 자생지에서 늘 훔쳐 보는 것으로 만족한다.

어디 진달래속 식물만 그런가. 산에 지천으로 있는 산벚나무, 산돌배, 생강나무, 소나무, 잣나무 등 모든 나무가 가지고 있는 각각의 고유한 색감은 늘 감동을 준다. 진달래속 식물의 꽃들이 지고 나면 장미속*Rosa* 관목들이 눈부신 색감을 자랑한다. 깊은 산에서 장미속 식물들을 보면 그 오묘한 향 때문에 자연에 흡수되는 느낌이다. 찔레꽃, 흰인가목, 만첩해당화, 생열귀나무, 그리고 강릉의 해당화까지. 모두 오대산 멸종 위기 긴점박이올빼미를 자작나무 사이에서 본 그날처럼 잊을 수 없다.

1. 철쭉 2. 진달래

봄의 언어, 앵초속

어느 날 사랑스러운 앵초속Primula 식물 중 초봄에 무더기로 공 모양의 아름다운 꽃을 피우던 프리물라 덴티쿨라타Primula denticulata가 자취를 감추었다. 여러 델피니움 품종도 영하 30도의 기온과 미치광이 바람 때문에 나의 정원에서 자취를 감추었다. 코로나19가 창궐한 두 번째 봄에는 특이하게 심은 기억도 없는 (고산지대 계열인지) 키가 작은 앵초가 나왔다 (품종명도 학명도 모른다). 10여 년 전 M과 앵초류에 미쳐 프리물라 시넨시스P. sinensis, 프리물라 불가리스P. vulgaris, 프리물라 말라코이데스P. malacoides 등 다양한 앵초속 식물의 씨를 파종해 본 추억도 있다. 그럼에도 불구하고 최고의 프리물라는 대관령 깊은 오지에서 본 전초가 앙상한 큰앵초 P. jesoana와 옆 동네에서 본 설앵초P. farinosa subsp. modesta var. koreana다. 해발 1200미터 사람이 없는 고대숲古代林, 전통 마을숲 가운데 나이가 오래된 숲에 마을 친구와 들어갔을 때, 그늘진 곳에 있었던 우리 자생 앵초가 최고였다.

하얀 거짓말처럼 작은 나의 정원에도 하루가 다르게 고단한 예술이 펼쳐진다. 정원을 걸었다. 갑자기 내가 만났던 여러 앵초속 품종이 생각났다. 프리물라 폴리안사P. polyantha, 프리물라 말라코이데스P. malacoides, 프리물라 오브코니카P. obconica, 프리물라 아카울리스P. acaulis.

이틀에 걸쳐 덩굴장미 등의 가지를 정리했다. 유럽 앵초들은 잘 자라다가 자취를 감춘다. 역시 우리나라 앵초가 내한성이 좋고 키우기가 쉽다. 프리물라 덴티쿨라타가 매년 반씩 준다는 사실을 알고 있었는데, 역시 정확하다. 한해살이풀인 프리물라 율리애P. juliae, 줄리앙앵초도 작년 가을에 파종하지 않았더니 역시 보이지 않는다. 새로운 클레마티스를 심는다고 장미 옆에 자리를 마련해 주었다. '멀티 블루' 옆에 심었는데 올해는 자

1. 프리뮬라 덴티쿨라타 2. 프리뮬라 종류 3. 앵초 *P. sieboldii*

리를 잡고 잘 자랐으면 좋겠다. 아내와 뾰족한 핀셋으로 뿌리를 나누어 주는 작업을 했다. 몇 시간 앉아 있으니 다리가 저리다. 이제부터는 인내심과의 전쟁이다.

장미,
화려한 뉴욕을 닮은 꽃

토종 장미 해당화 *Rosa rugosa*를 시작으로 루피너스, 한련화, 팬지류, 아이리스, 호스타의 꽃이 만발하며 대관령에도 유럽의 작은 마을 같은 여름이 찾아온다. 이곳의 낮은 태양처럼 화려하고, 때로는 사막처럼 고요하며, 호수처럼 빛난다. 침묵하는 달빛이 드리운 저녁에도 정원의 모습은 신비스럽다. 절정에 다다른 꽃들을 바라본다. 영원히 지지 않을 정원 제국을 가진 느낌이랄까. 알 수 없는 자신감이 생기기도 한다.

만첩해당화는 대관령·오대산 지역에 드물게 자생하는 귀한 겹꽃 장미다. 갓 세수한 아이의 볼에서 맡을 수 있을 법한 향이 난다. 이미 진 꽃대는 과감하게 정리하고 데드 헤딩dead heading, 시든 꽃과 종자를 잘라 주는 일을 해 준다. 대관령은 사실 장미가 잘 자라지 않는다. 너무 겨울이 추운지라 월동은 한낮의 꿈이다. 그럼에도 불구하고 장미를 포기하기가 어렵다. 매년 종묘사나 식물원에서 여러 나라의 장미를 사오지만 월동이 되지 않는 장미가 대부분이다.

장미는 화려한 도시 뉴욕 같다. 장미는 개량종만 1만3000여 종이 넘는다는 말을 들은 적이 있다. 언젠가 '자뎅 드 프랑스Jardin de France'라는 이름의 장미 품종을 강릉 종묘사에서 보고 그 고혹적인 자태에 반해 대관령으로 데려왔다. 대관령의 매서운 영하 28도 추위를 견디고 차가운 초여름에 나타난 이 장미는 월홍月虹, 달빛으로 보이는 밤 무지개을 보는 것 같다. 꽃은 독특한 분홍색으로, 일교차가 커서 스트레스를 더 받게 되는 대관령에서는 더 진하게 나타난다. 꽃의 자태는 주술사가 마법을 부린 것 같다.

다화성多花性으로, 한 번에 8~15송이 꽃이 핀다. 이 '자뎅 드 프랑스'는 하이브리드티HT, Hybrid Tea Rose계에 속한다. 하이브리드티계란 연중 큰 송이 꽃을 피우는 장미를 말한다. 플로리분다FL, Floribunda Rose계는 한 줄기에 중간 정도 크기의 꽃이 여러 송이 뭉쳐 피는 장미를 지칭하는데, 네덜란드와 독일 등에서 주로 나온다. 앤티크터치AT, Antique Touch Rose계도 있는데, 이 계열의 장미는 고전적 스타일이다. 르네상스 시대의 장미를 현대적 감각에 맞게 개량해 이지적인 아름다움을 뽐낸다.

'자뎅 드 프랑스'를 사랑했지만 어느 날 고즈넉한 분위기의 어느 주택 담벼락에 수줍게 핀 동양적인 미인 같은 만첩해당화도 내 눈길을 단번에 사로잡았다. 만첩해당화의 빽빽한 자모와 결각들쑥날쑥한 모양으로 갈라지는 잎 가장자리은 날카롭고 뾰족했지만 아름답고 질서가 잡혀 있었다. 바로 '자연'의 모습이었다. 해가 바뀌어도 그 회색 담벼락에 가면 그 침묵의 관목은 나를 말 없이 위로해 주고 껴안아 주었다. 운이 좋아 나의 정원에서도 멋진 관목으로 키울 수 있었다. 중국에 월계화가 있다면 프랑스에는 '자뎅 드 프랑스', 미국에는 버지니아 장미, 영국에는 데이비드 오스틴 장미가 있다. 그리고 한국 대관령에는 토종 장미 만첩해당화가 있다. 생열귀나무R. davurica와 흰인가목R. koreana은 만첩해당화와 비교하면 흔한 찔레꽃처럼 보인다.

신비의 꽃인 월계화R. chinensis도 심어 보고 싶었다. 중국 원산의 이 장미는 상록성 관목으로 가지는 녹색이고 곧게 서서 자란다. 나는 대관령이 장미 노지 월동이 힘들다는 사실도 모르고, 초반에는 정원 구석구석에 엄청 심었다. 멀칭도 하지 않았더니 살아남는 장미가 드물었다. 열 품종 정도 심으면 한 품종 살아남았다. 좌절과 실패의 연속이었다. 정원에 조세핀 장미'Empress Josephine'가 없어서 되겠는가, 싶어 화분에 심기도 했다.

영국 장미 회사인 데이비드 오스틴의 장미 중 하나인 '젠틀 허마이어니 Gentle Hermione'와 '테스 오브 더 더버빌스Tess of the D'urbervilles'도 감동적인 장미다. 안드레아스 바를라게의 표현을 빌리지 않아도 장미는 중노동을 하게 만드는 식물이다. 장미는 스코틀랜드에서 온 아가씨다. 책을 읽다가 장미 향을 맡으면 언어 편력의 길을 떠나게 된다.

대관령은 USDA 식물 내한성 구역Plant Hardiness Zone 5a영하 28.8도~영하 26.1도에 속한다. 그래서 노지 월동이 가능한 장미가 거의 없다. 겨우 월동할 수 있는 장미는 덩굴장미 '스칼렛'과 '안젤라' 정도. 그럼에도 불구하고, 나는 장미가 참 좋다.

1. 장미 '젠틀 허마이어니' 2. 장미 '그레이엄 토마스Graham Thomas' 3. 장미 '큐 가든스Kew Gardens' 4. 장미 '자뎅 드 프랑스'

1. 장미 종류(품종 미상) 2. 장미 '퀸 엘리자베스Queen Elizabeth' 3. 장미 '안젤라Angela' 4. 만첩해당화

까다로운 미인, 양귀비

유럽산 원예종들은 굉장히 까다롭다. 하지만 대관령의 기후에 맞게 월동을 시킨 후 거름을 주고 마음의 키스까지 더하면 잘 자란다. 영국 가든 쇼 출품작들이나 영국왕실원예협회 우수 정원식물상을 받은 유럽산 식물이 보여 주는 예술적인 색감, 대관령 청정고원의 일교차, 정원사의 안목이 합쳐지면 뭐라 표현하기 힘들 정도로 미술관 같은 정원이 된다. 나는 식물 하나가 마음에 들면 수백 장의 사진을 찍어 놓는다. 대표적인 식물이 바로 오리엔탈양귀비다.

다양한 오리엔탈양귀비 품종을 모으던 시절도 있었다. 자주 가는 종묘사에서 오리엔탈양귀비를 처음 보았을 때 아내를 처음 보았을 때 느꼈던 설렘이 떠올랐다. 핸드볼 공만 한 꽃을 피우는 오리엔탈양귀비는 고온다습한 곳보다 저온저습한 대관령에서 유난히 잘 자랐다. 다른 지방에서 꽃을 키워 본 원예 애호가들이 우리 정원에 오면 다들 놀랐다. 아내와 나는 품종별로 구분해 씨를 구했다. 오리엔탈양귀비는 파종 후 발아되면 이곳의 기후에 적응하는 훈련을 한다. 그리고 마침내 개화 성공! 오리엔탈양귀비의 꽃을 보기 위해 10년 이상의 시간과 노력이 필요했다. 코로나19로 펜션 운영이 어려웠을 때 아르바이트하듯 명품 대관령 오리엔탈양귀비를 종묘사에 납품하기도 했다. 정원 일은 이렇게 재미있다.

화가들이 작품 속에 자주 등장시킨 관상용 개양귀비 Papaver rhoeas, 고산양귀비 P. alpinum, 알프스양귀비, 새초롬한 아이슬란드포피 P. nudicaule, 짙은 겨자색과 노란색이 조화를 이룬 꽃이 꼭 디자이너의 구두 같은 금영화

Eschscholzia californica, 캘리포니아포피, 고결한 미색 꽃이 자꾸 돌아보게 만드는 우리 두메양귀비*P. radicatum*, 은쟁반만 한 꽃이 피는 오리엔탈양귀비 *P. orientale*, 긴가시머리양귀비*P. argemone*, 새끼손톱만 한 꽃이 피는 좀양귀비*P. dubium*, 그리고 몇 해 파종해 보았으나 결국 실패한 히말라야푸른양귀비까지. 붉은 화장을 한 여인 같은 꽃을 피우지만 열매에 아편 성분이 있는 양귀비*P. somniferum* 말고 다양한 양귀비 종류를 키워 보았다. 양귀비는 나눔을 하기에 좋은 식물이다. 아편 성분이 없는 꽃양귀비의 자태와 모습은 언어로는 표현 불가다.

1. 오리엔탈양귀비 2. 오리엔탈양귀비 '로열 웨딩Royal Wedding' 3. 오리엔탈양귀비 '하를럼 Harlem' 4. 오리엔탈양귀비 '프린세스 빅토리아 루이스Princess Victoria Louise' 5. 오리엔탈양귀비 '만다린Mandarin' 6. 오리엔탈양귀비 '오렌지 글로Orange Glow'

1. 오리엔탈양귀비 '헬렌 엘리자베스' 2. 좀양귀비 3. 아이슬란드포피 4. 개양귀비 5. 오리엔탈양귀비 '뷰티 오브 리버미어 Beauty of Livermere' 6. 히말라야푸른양귀비 7. 금영화

꽃의 재상,
작약

우리가 잘 알고 있는 왕실의 꽃, 모란과 작약은 모두 작약속Paeonia 식물이다(모란은 나무, 작약은 풀이다). 정원에서 작약 종류를 10여 년 이상 키웠다. 작약 '볼 오브 크림Bowl of Cream', 작약 '가데니아Gardenia', 작약 '헨리 사스Henry Sass', 작약 '셜리 템플Shirley Temple', 작약 '마더스 초이스Mother's Choice'는 모두 흰색 계열의 꽃을 피우는데, 화병에 옮겨 쉼 없이 바라보고 싶을 정도로 매혹적이다. 신품종 작약인 '벙커 힐Bunker Hill'을 보니 또 유혹을 이기기가 어렵다. 몸값이 등심처럼 비싼 작약 '로이스 초이스Lois' Choice'는 자꾸 나의 지갑 속을 확인하게 한다. 키우고 있는 '에치드 새먼Etched Salmon', '핑크 하와이언 코럴Pink Hawaiian Coral', '코럴 선셋Coral Sunset', '사라 베르나르Sarah Bernhardt', '바트젤라Bartzella'(이토작약), '레드 참Red Charm', '캔자스Kansas'. 모두 봄과 여름 사이 대관령 나의 정원에서 꽃을 피우는 전 세계에서 모인 여왕들이다. 향긋한 작약꽃과 밀회를 즐기는 기분으로 밤에 정원으로 발걸음을 옮긴다. 나에게 여름밤 정원은 고백이다. 나는 그림자를 밟지 않고 당신에게 속삭인다. 고백, 손잡음, 입맞춤, 기억, 평온, 수술, 암술, 우리의 밤, 그리고 음악.

6월 밤의 산들바람과 대지의 여신은 헤롯의 몽상처럼 달콤하다. 작약은 초봄부터 나를 미치게 만든다. 나의 정원에는 스무 품종 이상의 유럽산 작약들이 뱀처럼 꿈틀댄다. 품종마다 꽃대가 얼마나 올라오는지 내기를 하기도 한다. 욕심쟁이 작약은 거름을 좋아한다. 작약을 잘 키우고 싶어 산에서 부엽토도 가져오고, 축분과 종묘사에서 사 온 거름, 대관령

마사토 등 좋다는 것을 구할 수 있는 대로 구해 뿌렸다. 웃거름씨를 뿌린 뒤 나 모종을 옮겨 심은 뒤에 주는 거름에 목숨을 걸었는데, 사진처럼 키우기까지 굉장한 인내심이 필요했다. 특히나 겹꽃이 피는 유럽산 작약들은 거름만 잔뜩 먹고 종묘사의 선전이나 홍보처럼 화려하게 자라지 않았다. 그럼에도 불구하고 코티지 가든의 완결은 작약 아니던가? 어느 해에는 1년을 기다렸는데 꽃대가 올라오지 않았고, 어느 해에는 꽃대가 하나, 또 그다음 해에는 꽃대가 두 개, 이렇게 올라왔다. 보통 대관령 같은 기후에서는 4~5년은 참고 기다려야 어느 정도 꽃대가 달린다.

작약을 좋아하게 된 이유가 하나 더 있다. 작약은 개인적으로 존경하는 장석주 시인이 좋아하는 꽃이다. 나는 그를 선생님이라 부른다. 선생님을 좋아하니 그가 좋아하는 꽃을 더 좋아하게 되었다. 작약을 보면 장석주 시인이, 장석주 시인을 보면 작약이 떠오른다.

이립 초반에 귀촌한 후 달과 산, 들과 풀을 보고 살았다. 가끔 이유 없이 아픈 몸은 이 시원하고 사람 드문 대관령에서 자유의 신 헤롯을 만난 후 굉장히 좋아졌다. 정원에서 꽃과 책을 만나는 시간이 길어졌다. 바쁜 도시생활을 할 때는 사실 오페라 음악이나 고전이 내 마음속에 들어올 여유가 없었다. 대관령에 귀촌한 후 닥치는 대로 고전음악도 듣고 책도 탐닉했다. 소설과 시를 읽으면서 새로운 지평이 열렸다. 그러면서 장석주 시인을 알게 되어 팬이 되었다. 애서가이며 장서가인 선생님의 책은 나에게 고전이자 잠언이자 도덕경이 되었다. 《마흔의 서재》는 친구들에게 아주 많이 선물했다. 장석주 시인의 책에 빠지면서 그의 책을 모조리 섭렵하며 읽기 시작했다.

유럽의 식물을 수집할 때였다. 어느 해부터 작약, 루피너스, 오리엔탈양귀비 종류가 많아지자 아담하고 고혹적인 나의 정원에 장석주 시인을 초대해 북토크나 북스테이를 하고 싶었다. 어찌 보면 나의 버킷리스트 중 하나였다. 처음에는 선생님이 거절하면 어떻게 하나 걱정하며 용기가 나지 않았는데, 선생님께 문자를 보냈더니 흔쾌히 오겠다고 약속해 주셨다. 그날을 생각하면 아직도 꿈인지 생시인지 너무 기뻐서 대관령 들판에서 혼자 고래고래 소리를 지른 기억이 난다. 결국 나는 하나의 꿈을 이루었다. 사람들을 초대하는 글에 나는 이렇게 적었다. "그가 다시 대관령에 옵니다. 희귀한 작약과 숙근초는 하루아침에 꽃대를 만들지 않습니다. 저의 작약을 선생님께 드립니다."

1. 작약 '캔자스'   2. 작약 '소르베Sorbet'   3. 작약 '에치드 새먼'

1. 작약 '사라 베르나르' 2. 작약 '두 텔Do Tell' 3. 작약 '셜리 템플' 4. 작약 '무슈 쥴 엘Monsieur Jules Elie' 5. 작약 '허니 골드Honey Gold' 6. 작약 '메리 이 니콜스Mary E. Nichols' 7. 작약 '빅 벤Big Ben'

향기로 말하는 꽃,
백합

6~7월 초에 절정에 달하는 다양한 품종의 백합속 Lilium 식물의 꽃은 굉장하다. '나리'라 부르기도 하는 백합은 우리나라 토종도 예쁘다. 참나리, 중나리, 털중나리, 땅나리, 큰솔나리, 솔나리, 하늘나리, 말나리, 하늘말나리 등 굉장히 예쁜 우리 나리꽃들이 산과 정원에서 고유한 자태를 뽐내고 있다. 하지만 유통되는 백합은 거의 원예종이다. 양귀비속이나 튤립속처럼 어마어마한 원예종 백합이 매년 원예가나 식물 애호가의 마음을 훔치려 한다. 매년 쏟아져 나오는 원예종 백합을 볼 때마다 신기하다. 사도 사도 끝이 없다. 나는 새로운 백합으로 여느 때처럼 정원에 멋진 만찬을 차릴 꿈을 꾼다. 매해 백합을 다르게 식재하는데, 정말 재미있다. 백합은 봄부터 그 잎이 땅을 뚫고 나와 길게 하늘로 향해 치닫다가 꽃대가 잡히면 가히 움직이는 무용수 같다. 우아한 '꽃 모양 花形'의 끝판왕 백합의 향은 그 어떤 고급 향수 이상이라 고양이도 그 유혹에 넘어간다. 들고양이들도 나보다 더 백합 앞에서 기웃거린다. 하지만 고양이가 백합을 먹으면 탈이 난다고 한다. 고양이들에게 가장 무서운 식물은 튤립, 히아신스, 은방울꽃, 철쭉, 아이리스 그리고 백합이다.

6월 중순이 시작되면 마르타곤나리 L. martagon가 피기 시작하는데, 다른 지방보다 한참 늦다. 하지만 마르타곤나리는 뜨거운 곳을 별로 좋아하지 않는다. 다른 백합 품종과 비교했을 때 꽃도 무척이나 앙증맞고 귀엽다. 대관령의 6월은 백합이 노래를 부르기 시작하는 시기다. 식물이 화단에 적응하는 데 시간이 필요하기는 해도 2~3년 후 자리를 잡으면 예술도 이런 예술이 없다.

릴리움 아시아티카L. × asiatica도 일찍 피는 품종 중 하나다. 만약에 식물을 사랑하는 조각가가 있다면 이 백합에 매료되어 매일 꽃을 조각할 것이라고 나는 확신한다. 향은 조금 덜 하지만 아름답기 그지없다. 10여 년 넘게 많은 품종의 아시아틱 백합을 키웠는데, 음지 양지 상관없이 잘 자란다. 백합은 여름 화단의 라울 뒤피다. 그만큼 밝고 화사하다는 뜻이다. 다음에 이야기하고 싶은 백합은 백합 '리갈Regale'이다. 자세히 보면 꽃모양이 트럼펫을 닮았다. 품종도 꽤 많아 중요한 여름 화단의 오케스트라 멤버다. 내한성도 좋아 이 추운 대관령 영하 30도를 견딘다. 구근은 마늘처럼 진한 향은 아니지만 아주 독특한 향을 낸다. 구근식물은 향을 맡아 보는 것만으로도 충분히 다정함을 느낄 수 있다. 경험상 대관령에서는 조금 늦은 여름에 이 트럼펫 백합 계열이 꽃을 피운다. 살바토레 입구 간판 아래부터 정원 앞뒤, 중정, 서양측백 담장 아래 곳곳에 심어 놓았다. 꽃을 사랑하고 꽃에 관심을 갖기 시작하면 매일 꽃을 관찰하게 된다. 꽃이 필 때면 우아하고 아름다운 이 꽃에 코를 박고 정원사는 매일 향기를 맡는다.

나의 정원에서는 몇 해 키운 백합들이 너도나도 우아한 모습을 뽐내며 나온다. 특히 오리엔탈 백합Oriental lily 종류는 드레스를 멋지게 차려입고 이브닝 파티에 나온 고혹적인 모습의 모델 같다. 백합은 매년 무리 지어 꽃다발처럼 나오는데, 꽃가게 주인이 정성스럽게 만들어 놓은 다발의 모습이다. 백합의 여왕이라 불리는 오리엔탈 백합 종류의 향은 사람의 이성을 마비시킬 정도로 강렬하다. 가끔 이 오리엔탈 백합 계열의 꽃은 천국에 갈 때 함께 가면 좋겠다고 생각한다. 화려한 꽃 모양은 또 어떠한가? 중세 귀부인이나 유럽의 공주들이 우아한 드레스를 입고 내 앞에 서 있는 모습이다.

매년 다양한 교잡종 백합들이 쏟아져 나오니 신품종 백합 구근을 수집하는 것도 정원사가 누리는 행복 중 하나다. LA 하이브리드 백합Lilium L.A. Hybrid은 오리엔탈과 아시아틱을 섞어 품종 개량한 것인데, 두 계열의 장점을 모아 놓은 화색과 화형에 나는 넋을 잃고 만다. 이 하이브리드 백합은 다른 품종의 백합보다 고유한 향기는 덜 하지만 정원에서 키우기는 쉽다. 여름 장마만 조심하면 아주 기특하게 잘 자란다. 목재 덱 아래나 자두나무 아래, 배나무 옆에 심어 놓은 백합이 화려한 꽃을 보여 주면 정원은 잠시 천국이 된다. 백합은 정말 어떠한 형용사로도 표현하기 힘든 자연이 준 여름 정원의 선물이다.

백합은 꽃이 피기 전, 즉 초봄에 땅을 뚫고 올라오는 모습이 너무 독특하다. 뱀 머리가 땅을 뚫는 것 같다. 백합이 자라는 모습을 7월까지, 아니 대관령은 8월에도 볼 수 있다. 향이 워낙 좋아 모든 나비를 불러 모은다. 낮에는 정신없이 나비들이 몰려온다. 나 역시 정신이 없기는 마찬가지다. 백합은 키도 크고, 품종도 다양하고, 꽃 모양도 워낙 특이해 새벽녘, 해 질 녘 대관령에서 보면 화성에서 피는 특이한 꽃 같다는 생각도 하게 된다. 겹꽃을 피우는 오리엔탈 백합 중 '소프트 뮤직Soft Music'이라는 품종은 실제로 키워 보고 기절하는 줄 알았다. 종묘사에서 처음 보았을 때 '올레!'를 외쳤다. 향은 별로인데 모양은 기품 있는 귀부인 그 자체였다.

7월 중순 다른 백합보다 일찍 나오는 백합 '클로드 슈라이드Claude Shride' 품종은 정말 우아하고 아름답다. 색감이 폴 스미스의 스트라이프 무늬같이 경쾌하다. 7월 초 그토록 좋아하던 알리움을 자르고 나면 백합들의 난장이 펼쳐진다. 저녁 달빛처럼 희고 색색이 빛나는 백합꽃이 피면 온 마당이 향수 공장 같다. 정말 서 있기도 힘들 정도다. 새벽 다섯 시부터 나가 넘어진 꽃은 세워 주고 진 꽃은 잘라 준다. 며칠 새 잡초가 또 포착된다. 며칠 서늘하더니 다시 해가 난다. 날씨는 변덕을 부리고 다시 여름은 계속된다. 언제나 이맘때면 '아이라이너Eyeliner' 백합이 흰 옷을 입고 나타난다. 백합은 굉장한 패션쇼를 펼치는 종이다. 여름의 마지막에는 수박만 한 꽃을 피우는 대형종 '프리티 우먼Pretty Woman'도 나올 것이다.

어떤 백합은 나보다 키가 크다. 이런 백합 아래에 서면 나는 꼬마 아저씨가 된다. 좀 색다른 식물을 키워 볼까 해서 알아보다가 발견한 대형종 백합은 사실 대관령에서는 키우기 힘들다. 내가 초봄에 관심 깊게 본 백합 품종이 있는데 바로 카르디오크리눔 기간테움히말라야 백합, *Cardiocrinum giganteum*, Giant Himalayan lily이다. 키가 2.5~3.5미터 이상 자라는 식물이다. 보통 히말라야, 미얀마, 중국 등지에서 발견된다는데, 실제로 보면 장관일 것 같다. 이게 대관령에서 자랄 수 있을까? '돈 먹는 하마'가 될 공산이 크다. 이래서 정원사는 늘 몽상가가 된다.

백합이 고마운 건 캐지 않아도, 심지 않아도, 4~5년은 버텨 낸다. 백합 '골든 스플렌도르Golden Splendor'의 꽃이 피기 시작하면 정원에 종소리가 들리는 듯하다. 이 백합은 영국왕실원예협회가 선정한 우수 정원식물이다. 나는 이 백합을 정원 여러 곳에 심었다. 지난 여름에 비가 너무 많이 와서 많은 꽃이 녹아내렸다. 여러 품종의 백합이 특히 그랬다. 자연은 모든 것을 줄 것처럼 보이다가도, 하루아침에 모든 것을 무너뜨리기도 한다. 우리는 늘 자연 앞에서 작은 점 하나에 불과하다.

살바토레정원에는 다양한 품종의 백합이 꽃을 피운다.

1. 백합 *L. longiflorum* 2. 백합 '옐로윈Yelloween' 3. 백합 '프리소Friso' 4. 마르타곤나리 '핑크 모닝Pink Morning' 5. 마르타곤나리 '클로드 슈라이드'

1. 백합 '핑크 드래곤플라이Pink Dragonfly' 2. 백합 '네티스 프라이드Netty's Pride' 3. 백합 '매직 스타Magic Star' 4. 백합 '메노르카Menorca'

1. 백합 '카지노 로열Casino Royale' 2. 백합 '레드 모닝Red Morning' 3. 백합 '카사 블랑카Casa Blanca' 4. 백합 '호커스 포커스Hocus Pocus' 5. 백합 '골든 스플렌도르Golden Splendor' 6. 백합 '아이라이너Eyeliner'

잘 아는 듯 잘 모르는, 무궁화

'우리나라 꽃' 무궁화 Hibiscus syriacus는 내게 호기심의 대상이다. 수박풀 H. trioum, 부용 H. mutabilis, 미국부용 H. moscheutos, 단풍잎부용 H. coccineus, 하와이무궁화 H. rosa-sinensis, 모두 한 가족인 식물이다. 수박풀처럼 단아하면서도 환상적인 꽃을 피우는 식물도 있고, 하와이무궁화처럼 매우 화려한 꽃을 피우는 식물도 있다. 여름 정원을 빛내 줄 식물 중 하나가 바로 이 히비스커스다. 언제부터인가 유럽 히비스커스의 씨를 구해 '작품'을 만들고 있다.

정보를 찾아보면 무궁화 원산지와 관련해 상반된 관점의 이야기가 많다. 이런 정보들을 만날 때면 흥미롭기도 하지만 때로는 고통스럽기도 하다. 언젠가부터 대관령에서 월동하기 어려운 무궁화를 보러 강릉으로 자주 내려간다. 대관령에서 성산(대관령 옛길)으로 가다 보면 곳곳에서 무궁화를 볼 수 있다. 무궁화는 우리 자생종이 아닌 중국이 원산지라고 알고 있었는데, 종소명이 *syriacus*인 것을 보니 시리아가 원산지가 아닐까 자꾸 의문이 들었다. 언젠가 무궁화가 시리아에서 넘어온 것인지, 중국과 인도 자생종인데 종소명에만 시리아가 붙은 것인지 누군가에게 질문한 적이 있는데, 그는 린네가 1753년 시리아에서 가져온 무궁화를 보고 이렇게 명명했다고 했다고 말해 주기도 했다.

어쨌든 식물의 계통을 알아보고, 이름의 유래, 원산지(자생지), 주요 서식처, 내한성 구역 hardiness zone, 식물이 특정 기후대에서 생존할 수 있는 온도를 구역으로 나눈 것 등의 정보를 찾아보는 것만으로도 즐겁다. 야생화를 사랑하는 모임의 무궁화 애호가들과 이런저런 정보를 교환하며 함께 공부하기도 했다. 무궁화꽃의 형태적 특징, 잎의 모양, 턱잎, 열매, 유사종과 비교했을 때 무궁화를 구별할 수 있는 포인트까지 정리해 보기도 했다. 무궁화꽃은 꽃자루, 부꽃받침, 꽃받침, 꽃잎, 수술통, 수술, 암술대, 암술머리, 씨방으로 구성되어 있다. 하나의 꽃 속에 수술과 암술이 있는 완전화양성화다. 해가 뜰 무렵 꽃봉오리가 활짝 피었다가, 해 질 무렵까지 서서히 꽃잎을 돌돌 말아 닫은 후에 땅으로 떨어진다. '무궁無窮'이라는 이름처럼 영원히 꽃이 피어 있는 것이 아니라 많은 꽃이 피고 져서 계속 피어 있는 것처럼 보인다. 무궁화꽃의 하루를 관찰해 보면 무척 흥미롭다.

무궁화의 재배품종은 아주 많다. 우리가 흔히 보는 무궁화는 꽃 한가운데 자리한 붉은 무늬를 일컫는 '단심'이 특징이다. 무궁화는 크게 단심계과 단심이 없는 배달계, 꽃잎이 더 가늘고 아사달 무늬라 부르는 독특한 무늬가 있는 아사달계로 크게 분류한다. 꽃 색도 붉은색부터 흰색까지 다양하다. 꽃잎 다섯 장으로 이루어진 홑꽃도 있고, 반겹꽃, 겹꽃도 있다. 여기서는 굳이 시시콜콜 이야기하지는 않으나 무궁화라는 이름의 유래나 어째서 나라꽃이 되었는지를 찾아보면 정말 다양한 관점의 해석과 기록이 있어 흥미롭다.

무궁화는 빛을 좋아하는 양수陽樹적 특성을 많이 보여 주고, 수분이 많고 배수가 잘되는 비옥한 사질양토를 좋아한다. 특히 뿌리가 천근성淺根性, 뿌리가 지표면에 가까운 토양에 분포하는 성질이라 산악 지대 등에서는 사실 생존하기 어렵다. 또 대관령에서 키워 보았더니 아주 추운 곳에서는 월동이 어렵다는 사실을 알 수 있었다. 무궁화 하나만 깊이 들여다보아도 이렇게 세계 지리를 공부하는 듯한 기분이 든다. 식물 공부가 언제나 즐겁고 호기심을 자극하며 재미있는 이유다.

1. 수박풀 2. 미국부용

기다립니다

호기심은
씨를 뿌리게 한다

헤르만 헤세의 《정원 일의 즐거움》을 읽다가 지니아 Zinnia, 백일홍에 반했다. 헤세가 그린 그림도 예뻤고, 그의 글도 마음도 좋았다. 실제로는 어떤 모습일까 궁금했다. 이런 호기심이 어떻게든 씨나 모종을 구해 정원에서 길러 보게 한다. 나도 정원에서 여러 품종의 지니아를 키워 보았는데, 그중에서 잊을 수 없는 것이 바로 '팝아트백일홍'이라 부르는 지니아 '팝 아트 화이트 앤드 레드 Pop Art White & Red'다. 씨를 구해 파종해서 키웠는데 이색적인 컬러의 꽃과 문양을 보니 마음이 흔들렸다. 꽃에 무언가 떨어진 느낌이랄까. 이름을 알 수 없는 품종 미상의 그린 백일홍 역시 예쁘다. 또 추천하고 싶은 식물로는 '멕시코 아이비'라 부르는 코베아 Cobaea가 있다. 멕시코 원산이다 보니 대관령에서 꽃을 볼 수 있을까 반신반의하면서 비싼 씨를 구입 후 파종했는데 발아가 되었다! 잎이 나와 정원 구석 안젤라 장미 옆에 심었는데 곱고 비현실적인 꽃이 피었다. 햇빛이 짧게 드는 대관령에서 이렇게 피다니 종소리가 들리는 듯 했다. 이런 기대하지 않았던 기쁨을 맛보는 일이 정원사를 만족스럽게 한다.

도전하는 정원사에게 또 추천하고 싶은 식물은 칼케돈동자꽃 Lychnis chalcedonica이다. 10여 년 전 모종을 구해 키웠는데, 커다랗게 올라오는 형상이 꼭 봄부터 여름까지 분홍빛 모자를 쓴 정원의 화가다. 분홍 모자를 쓴 이 화가는 나날이 늘어나고 있어서 나누어 주기도 했다.

마지막으로 도감에서 보고 너무 신기해 꼭 한번 내 눈으로 보고 싶다며 흥분했던 식물이다. 바로 브라질 원산의 군네라 Gunnera다. 마음속으로

'언젠가 보고 말 거야!'라고 생각하고 있었는데, 영국에 가든 투어를 하러 갔다가 런던 큐 가든에서 보고 나도 모르게 어린아이처럼 잎 속에서 놀면서 사진을 찍어 댔다. 사진으로 보았을 때는 잎이 부드러울 줄 알았는데 생각보다 까칠했다. 식물은 늘 이렇게 동심의 세계로 안내한다.

1. 지니아 '팝 아트 화이트 앤드 레드'(팝아트백일홍) 2. 백일홍 종류 3. 칼케돈동자꽃 '카르네아Carnea' 4. 코베아 스칸덴스(코베아)C. scandens 5. 군네라 마니카타 G. manicata

살바토레정원의 여름꽃

알리움 Allium

마늘, 양파, 파, 부추가 속한 알리움속 식물은 전 세계 900종 이상의 식물이 속해 있는 아주 재미난 식물군이다. 늦봄과 초여름 사이, 서늘한 초여름이 되자 드디어 알리움속 꽃들이 보이기 시작한다. 이상한 거인족 나라의 막대사탕 같다. 화려한 꽃을 달고 꽃대를 최대 1미터 이상 올리는 식물이다 보니 저 멀리서도 눈에 확 들어온다. 특이하게도 잎이 먼저 자라다가 시들어 가면서 꽃대가 올라오는데 무슨 동화 속 장난감 같다.

알리움을 돋보이게 하려면 주위에 꽃잔디나 호스타, 안개꽃 Gypsophila elegans을 같이 심는 것도 좋다. 맨 처음 심어 본 알리움 기간테움 A. giganteum은 그 자체로 예술이었다. 어린아이 얼굴보다 더 큰 꽃을 피우는 알리움 '글로브마스터 Globemaster'는 처음 보았을 때 굉장히 놀랐다. 흰 공 같은 알리움 '마운트 에베레스트 Mount Everest'의 꽃은 더 장관이다. 키가 작은 슈베르트부추 A. schuberti와 또 다른 미니종인 알리움 몰리 '지니' A. moly 'Jeannie' 역시 스머프처럼 귀엽고 예쁘다. '드럼스틱 Drumstick'이라 불리는 장구채산마늘 A. sphaerocephalon의 꽃은 동그스름한 자주색 하트 모양 셔벗을 떠올리게 하고, 알리움 '시칠리안 허니 릴리 Sicilian Honey Lily'의 꽃은 도마뱀이 꿈틀대는 듯한 모습이다. 해를 거듭할수록 꽃시장에 나가면 다양한

1. 알리움 기간테움 2. 장구채산마늘의 꽃이 핀 모습과 구근 상품. 3. 알리움 '글래디에이터 Gladiator' 4. 알리움 '핀볼 위저드 Pinball Wizard'

기다립니다

알리움이 유혹한다. 그래서 가끔 지갑을 열어 보거나 은행 잔고를 확인할 때면 마음이 좋지 않을 때가 있다. 원예종 알리움은 너무 화려해 유럽 정원의 끝을 보는 것 같다.

알리움 기간테움과 알리움 '글래디에이터'만 매년 심다가 신품종 알리움 '핀볼 위저드'를 심어 보았다. 내한성 구역 Zone3까지 월동할 수 있다고 한다(정식했을 경우 영하 30도까지 월동 가능). 중앙아시아 원산으로 러시아 사람들이 유럽에 소개했다고 하는데, 장마 전후 과습이 성패를 좌우한다. 알리움도 튤립처럼 소모성 구근으로, 모구와 자구의 관리가 중요한 것 같다.

귀여운 커다란 테니스공 같은 알리움꽃은 인물 촬영을 위한 훌륭한 배경이 되어 준다. 특히 아이들이 알리움 꽃대를 잡고 있으면 동화 속 한 장면이 된다. 가끔 알리움 앞에서 나는 '저렇게 키우려고 얼마나 분주히 움직였나' 생각한다. 오늘도 머릿속은 해야 할 일로 꽉 차 있다. 부지런한 정원사가 될 것인가, 그냥 바라만 보고 있는 낭만적인 시인이 될 것인가. 정원은 정원사를 고민에 빠지게 한다.

5. 알리움 '아트로푸르푸레움Atropurpureum' 6. 알리움은 지는 꽃도 예술. 7. 알리움 스티피타툼 '마운트 에베레스트'A. stipitatum 'Mount Everest' 8. 알리움 '크리스토피이Christophii'

기다립니다

다알리아 *Dahlia*

정원사에게 정원은 매일매일 시시각각 변하는 이해 불가한 세계다. 다알리아는 멕시코 원산의 변화무쌍한 식물이다(1963년 멕시코의 국화가 되었다). 품종도 굉장히 많아 나도 정원에서 10여 년 전부터 다양한 품종을 키우고 있다. 다알리아는 특히 대관령의 저온저습한 환경에서 최상의 컨디션을 유지한다. 다알리아는 원산지 멕시코의 높은 고원 지대에 자생하는데, 18세기 유럽으로 전해지면서 매우 다양한 품종이 만들어졌다. 유럽에서 만들어져 유통되는 다알리아만 해도 정말 셀 수 없을 정도로 다양하다.

수많은 다알리아 품종을 키워 보았는데, 초봄부터 여름을 지나 서리가 오기 전까지 개화 기간도 길고, 색과 형태도 다양하고, 잎도 무척이나 싱그럽다. 여름에 모든 꽃이 질 때쯤 보여 주는 우주쇼의 주인공이 바로 이 다알리아다. 나에게는 화단의 세잔인 다알리아는 꼭 있어야 할 식물이다. 하지만 내한성이 약해 월동을 할 수 없어 된서리를 맞기 전 그 고구마 같은 괴근(덩이 모양으로 생긴 뿌리)을 캐 따로 창고나 온실에서 보관해야 한다는 귀찮은 점이 있기는 하다. 흙을 잘 털어 낸 괴근을 품종별로 분류한 후, 깨끗한 흙을 넣은 신문지나 원예용 비닐에 싸 보관해야 한다. 하지만 삽목이 매우 잘 되는 식물이라 수를 늘리기가 쉽다. 이런 원예 기술은 관심을 가지고 오랫동안 키우다 보면 자연스럽게 터득할 수 있다. 다알리아속 식물 구근은 다음 해 땅이 녹으면 심는다. 이때가 신품종 다알리아, 창고에서 자고 있는 다알리아를 모두 꺼내야 할 시기다.

---

1. 특이한 색의 꽃을 피우는 다알리아(품종 미상). 2. 다알리아 '켈빈 푸드라이트Kelvin Floodlight' 3. 다알리아 '디바Diva' 4. 다알리아 '얀 판샤펠라Jan Van Schaffelaar' 5. 다알리아 '엘 파소티paso' 6. 다알리아 '마블 볼Marble Ball' 7. 다알리아 '카페 오 레 로열Café au Lait Royal' 8. 다알리아 '진저 스냅Zinger Snap' 9. 다알리아 '푸Pooh'

기다립니다

살바토레정원의 다양한 다알리아 품종.

기다립니다

아이리스 *Iris*

아이리스는 고결하다. 곳곳에 무리 지어 심은 독일붓꽃*I. × germanica*이 참 사랑스럽다. 사람들에게 무한 미소를 전하는 아이리스를 볼 때면 갓 세수한 아이의 얼굴이 떠오른다. 돌 된 아이의 기분 좋은 향이 떠올라 그 앞에서 무한 감탄을 내뱉는다. 경탄을 자아내는 우리 아이리스도 많다. 노랑붓꽃*I. koreana*은 종소명이 '코레아나'다. 위대한 오대산붓꽃이라 불리는 노랑무늬붓꽃*I. odaesanensi*의 종소명에는 '오대산'이 들어가 있다. 학명만 봐도 우리 꽃임을 알 수 있다. 타래붓꽃*I. lactea* var. *chinensis*, 제비붓꽃*I. laevigata*, 금붓꽃*I. minutoaurea*, , 각시붓꽃*I. rossii*, 넓은잎각시붓꽃*I. rossii* var. *latifolia* 등 다양한 아이리스가 우리를 기쁘게 한다. 붓꽃이 피어날 때 정원을 서성이면 저절로 시 한 편이 나온다. 정원의 꽃은 시적 먹잇감이다. 아이리스가 마당 한편에서 그림처럼 피고 지는 모습을 보면서 시시각각 변하는 바다의 외침 같다고 생각한다. 내일은 우리 자생 붓꽃을 보러 오대산에 가야겠다.

1. 붓꽃*I. sanguinea*   2. 독일붓꽃 '더스키 챌린저Dusky Challenger'   3. 독일붓꽃 '손버드Thornbird'
4. 독일붓꽃 '서머 올림픽스Summer Olympics'   5. 서양창포 '레이디 인 레드'*I. pumila* 'Lady In Red'
6. 독일붓꽃 '컨슈메이션Consummation'   7. 독일붓꽃   8. 독일붓꽃 '인디언 치프Indian Chief'
9. 독일붓꽃 '콘스탄트 와테즈Constant Wattez'

기다립니다

원추리 *Hemerocallis*

원추리가 모인 곳은 '색채의 궁전'이라 할 만하다. 우리 정원에는 여러 종의 (유럽에서 개량한) 서양 원추리가 있다. 색감에 있어서는 그 어떤 식물과도 비교하기 어렵다. 물감을 바로 풀어 놓은 것 같다. 꽃이 하루밖에 못 간다 해서 영어로 데이 릴리day lily, '하루 백합'인 원추리 원예종은 이름도 예쁘다. '라즈베리 더블Raspberry Double', '실로암 드림 베이비Siloam Dream Baby', '모닝 선Morning Sun', '듀크 오브 더럼Duke of Durham', '더블 리버 와이Double River Wye', '올웨이즈 애프터눈Always Afternoon' 등 여러 품종을 수집했다. 원추리는 정말 너무 많은 품종이 있다. 물론 우리나라에 자생하는 원추리도 있다. 자생 원추리는 보통 풀숲에서 자라는데 건조한 곳보다 조금 습한 곳을 좋아한다.

대관령의 여름은 자신만의 색채를 뽐내는 꽃들을 즐기기 좋은 계절이다. 전국적으로 폭염이 기승을 부려도 노르웨이와 연평균 기온이 비슷한 대관령은 서늘하다. 덕분에 꽃들도 하루가 다르게 절정의 풍요로움을 보여 준다. 해가 뜨기 전 새벽 정원 산책을 자주 하는데 무척이나 행복하다. 정원은 만 가지의 얼굴이 있다. 정원의 꽃들, 특히 이맘때 원추리꽃을 보면 조지아 오키프의 몽환적인 꽃 그림이 생각나곤 한다.

1. 살바토레정원의 다양한 원추리 품종. 2. 원추리 '어텀 레드Autumn Red' 3. 원추리 '노스페라투Nosferatu' 4. 원추리 '판도라스 박스Pandora's Box'

기다립니다

접시꽃 Alcea

검정 접시꽃이 피었다. 꽃과 함께 매우 산뜻한 기분을 선물 받는 나는 이 세상을 다 가진 정원사가 된다. 유럽의 희귀한 품종의 씨를 구해 직접 파종한 후 결실을 얻으면 그 기쁨이 배가 된다. 내가 키운 접시꽃의 학명을 찾아보니 접시꽃 '니그라' A. rosea 'Nigra'다. 해맑은 키다리 접시꽃을 좋아해서 여러 접시꽃 품종을 모으기 시작했는데, 덕분에 해를 거듭할수록 정원이 마법의 궁전으로 변한다. 정원에는 단아한 미색 꽃을 피우는 알케아 타우리카 '러시안 홀리호크' A. taurica 'Russian Hollyhock', 탐스러운 살구색 겹꽃을 피우는 접시꽃 '피치 앤 드림스 Peaches 'N' Dreams'™ 도 있다. 접시꽃도 집에 많다 보니 뒷집 이장형네와 우리 집 경계에 심기도 한다. 접시꽃 '피치 앤 드림스'는 장미를 능가할 정도로 아름답다. 물론 홑꽃 접시꽃의 색감도 근사하다. 개인적으로 좋아하는 접시꽃 '블랙나이트 Blacknight'도 빼놓을 수 없다. 하지만 접시꽃이 만개하면 서서히 차가운 바람이 불기 시작한다. 고산지대의 특징이다. 곧 정원에 쓸쓸한 시간이 찾아올 것이다.

1. 접시꽃 '피치 앤 드림스' 2. 접시꽃 '니그라' 3. 알케아 타우리카 '러시안 홀리호크' 4. 접시꽃

기다립니다

해바라기 Helianthus

나는 키다리 해바라기H. annuus의 씨에 반했다. 어렸을 적에 먹곤 했던 바로 그 고소한 씨. 해바라기는 태양을 닮은 신비한 꽃을 피우는데, 들여다볼수록 화려하기 짝이 없다. 대관령에서 여러 가지 해바라기 품종을 보았다. 우리가 돼지감자라고 부르는 뚱딴지H. tuberosus도 해바라기속 식물이다. 처음에 꽃을 보고 우리 토종 야생화인줄 알았는데 북미 원산이라 해서 더 신기했다. 유럽 원예종 해바라기 중에는 와인색, 미색, 레몬색 꽃을 피우는 것도 있다. 그 몽환적인 색감에 반해 여러 품종을 구해 씨를 뿌려 발아시킨 다음 나의 정원에 가득 심었다. 아내는 그리 좋아하지 않지만 나는 이상하게 해바라기가 좋다.

1. 해바라기 '쇼코라트Shock-o-lat' 2. 해바라기 '벨벳 퀸Velvet Queen' 3. 해바라기 '이탤리언 화이트Italian White' 4. 해바라기 '솔라 플래시Solar Flash'

포도

"여보, 포도 좀 보세요. 주렁주렁 열매가 맺혔네요. 이렇게 춥고 바람이 강하고 눈이 많은 곳에서 포도가 열리다니, 눈부시게 아름다워요." 아내는 이렇게 말하며 환하게 웃는다. 하우스 안으로 들어오는 태양 빛이 나의 어깨를 감싼다. 노지 월동을 할 수 없는 포도를 하우스에서 취미로 키우고 있다. 양은 적어도 대롱대롱 열리는 포도를 방문한 아이들이나 수녀님과 함께 따 먹기도 한다. 얼마나 예쁘고 소박한 모습인지. 때로는 매섭게 회초리를 들기도 하지만, 자연은 늘 어머니처럼 많은 것을 내준다.

포도 *Vitis vinifera*

노루오줌 Astilbe

노루오줌의 이름 유래에 관한 설은 여러 가지가 있다. 뿌리에서 노루 오줌 냄새가 나서 그런 이름이 되었다는 이야기를 가장 많이 들었다. 노루가 자주 찾는 물가에서 많이 보여서 그런 이름이 되었다는 설도 있다. 하지만 실제로 냄새를 맡아 보면 그렇게 지린내 같다는 생각이 들지 않는다. 깊은 산에서 만날 수 있는 우리 토종 노루오줌도 눈부시다. 정원에서 노루오줌을 키워 보면 반음지를 좋아하는 것 같다. 유럽 사이트에서 본 노루오줌 '스노드리프트Snowdrift'는 여름에 내린 눈처럼 정말 예뻤다. 중국노루오줌A. chinensis을 구하려 애를 쓴 기억도 난다. 여름 정원에서 이 아스틸베는 빼놓을 수 없다. 얼마나 다양한 색이 있는지 식물 수집가에게는 행복한 고민에 빠지게 하는 식물이다.

노루오줌 '라즈베리Raspberry'

에키나시아 Echinacea

에키나시아(자주천인국속)의 꽃이 피니 여름이 깊어 간다는 것을 느낄 수 있다. 자주 가는 식물원에서 에키나시아 '수프림 캔탈로프Supreme Cantaloupe', '스토베리 크림 Strawberry Cream', '허니듀Honeydew'라는 신품종이 나왔다며 자꾸 문자를 보낸다. 나는 또 고민에 빠진다. 꽃이 너무 예쁜 에키나시아가 좋아서 여러 품종의 에키나시아를 모으기도 했다. 아메리카 인디언은 이 꽃으로 감기나 상처를 치료하기도 했단다. 에키나시아가 필 무렵, 대관령의 여름은 서늘해진다. 대관령은 여름에 모기가 거의 없고, 해가 지면 20도에서 25도 사이로 떨어진다. 열대야, 푹푹 찌는 고온다습한 여름을 거의 경험하지 않는다. 살바토레에 방문객들이 없으면 대관령은 더욱 차분해진다. 대관령에는 4월 5월 6월에 차례대로 피는 꽃이 한꺼번에 피어 나는 경우가 많다. 우리가 대관령을 좋아하는 이유 중 하나다.

자주천인국 *Echinacea purpurea*

모나르다Monarda

베르가못M. didyma, bergamot은 모나르다속 식물이다. 이 식물은 비옥하고 습기가 있는 토양을 좋아하지만 정말 환경 적응력이 좋아 토질을 가리지 않는다. 정원의 양지는 물론 반음지도 좋아한다. 정원 어느 구역에 심어도 정원사가 크게 신경 쓰지 않아도 잘 자란다. 내 경험상 베르가못은 비교적 키우기 쉽다. 게다가 나비와 벌이 매우 좋아하는 밀원식물이기도 하다. 한여름 정원에 붉은 꽃을 피운 베르가못이 가득 차면 숨이 막히는 듯한 기분이 든다.

1. 모나르다 '라즈베리 와인Raspberry Wine' 2. 모나르다 '빈티지 와인Vintage Wine' 3. 베르가못 '파든 마이 핑크Pardon My Pink'

루피너스 *Lupinus*

정원을 만들며 유럽의 희귀종을 모으기 시작했다. 하지만 처음부터 수집한 식물들이 다 잘 자란 것은 아니었다. 실패의 연속이었다. 파종과 발아 모두 힘들었다. 다 때려치우고 싶었다. 모종판을 갈아엎고 싶을 때가 한두 번이 아니었다. 그러다 어느 해 산길을 걷는데 희귀한 '꼬깔콘' 모양의 영롱하고 우아한 꽃을 피운 식물을 보았다. 어느 화가의 집이었다. 그 집에서 본 꽃이 바로 가는잎미선콩속 식물, 루피너스였다. 루피너스는 파종한 후 다음 해에, 그것도 대관령에서는 5월 말 6월이나 되어야 꽃을 피우지만, 어쨌든 나는 루피너스꽃을 본 이후 씨를 품종별로 수집하고 모으기 시작했다. 어느 해 파종한 루피너스 씨에서 싹이 나자 너무 기뻐 내 이름을 명명자에 넣어 보았다. 푸른루피너스 '윤민혁'*L. polyphyllus* 'Youn Min Hyuk'! 이 저온 저습 환경에서 태어난 대관령판 루피너스가 너무 예쁘고 대견했기 때문이다. 콩과인 루피너스는 잘 키우면 1미터 이상 키가 크고, 보라색, 붉은색, 분홍색, 흰색, 다채로운 색의 꽃이 무리 지어 피어 화단을 지배한다. 매일 쑥쑥 자라는 그 높이에 감탄사를 연발하며 마음을 빼앗기게 된다.

루피너스는 푸른루피너스 '더 거버너The Governor', '러셀Russell', '투티 프루티Tutti Frutti', '밴드 오브 노블스Band of Nobles' 등을 섞어서 심는다.

클레마티스 *Clematis*

으아리속 식물은 폭죽 터지듯 꽃이 핀다. 미나리아재비과 덩굴성식물인 클레마티스의 꽃을 보면 '다발성多發性 아름다움'이라는 말이 떠오른다. 우리 야생화 중 위령선 *C. florida*, 좀사위질빵 *C. vitalba*, 참으아리 *C. terniflora*, 수구등 *C. montana*, 병조희풀 *C. heracleifolia*, 중국종덩굴 *C. chinensis*, 외대으아리 *C. brachyura*, 소목통 *C. armandii* 등이 모두 으아리속이다. 모두 꽃의 생김새가 비슷하다. 내 정원에 여러 클레마티스 유럽 품종을 심었는데 모두 찬란하고 위대하다. 나는 특히 클레마티스 '멀티 블루 Multi Blue'를 사랑한다. 어느 시인이 "줄기는 가느다란데 저리 큰 꽃이 많이 달리는구나"하고 탄성을 자아냈던 때가 기억이 난다. 클레마티스의 꽃에는 나비, 벌, 꽃무지, 거미가 자주 찾는다. 정원사는 늘 이 풍경을 보면서 미소를 짓게 된다. 얼음 공장 대관령 살바토레정원에서도 월동만 되면 환상적으로 꽃대가 잡힌다.

1. 클레마티스 '프린세스 다이아나 Princess Diana' 2. 클레마티스 '알바 플레나 Alba Plena' 3. 클레마티스 알피나 '핑크 플라밍고'*C. alpina* 'Pink Flamingo' 4. 클레마티스 '멀티 블루 Multi Blue' 5. 클레마티스 '조세핀 Josephine' 6. 클레마티스 '니오베 Niobe' 7. 클레마티스 '미스 베이트맨 Miss Bateman'

기다립니다

한련화 *Tropaeolum*

한련속 식물이 피면 노란 기차가 덜커덩 덜커덩 소리를 내며 가는 것 같다. 한국 시장에서 유통되지 않는 신품종 씨를 구해 키워 보았다. 파종해 싹을 낸 후 붉은 벽돌 옆에 심었다. 미색 꽃을 피우는 한련화 '밀크메이드'*T. majus* 'Milkmaid'는 유럽에 갔을 때 가져온 품종인데 튀는 듯 튀지 않으며 존재감을 드러낸다. 자주색, 와인색 등 다채로운 색의 꽃이 피는 다양한 한련화 품종의 씨를 구해 파종한 후 모종을 만들어 기르고 있다.

1. 한련화 '밀크메이드'. 2. 한련화 '크림슨 엠퍼러Crimson Emperor' 3. 한련화 '블랙 벨벳Black Velvet' 4. 한련화 '크림 트로이카Cream Troika'

장구채 *Silene*

정원에 핀 장구채속 식물의 꽃을 보면 크리스챤 디올이 생각난다. 자라면서 어머니의 정원에서 영감을 많이 받은 디올이 디자인한 옷에는 유독 꽃이 많이 등장한다. 나는 우리 토종 장구채부터 여러 유럽산 원예종 장구채를 흠모했다. 언젠가 유럽 사이트에서 본 시레네 콜로라타 '핑크 피루에트'*S. colorata* 'Pink Pirouette'는 보자마자 반했다. 원예종도 근사하지만 대관령 산속을 걷다가 만난 장구채*S. firma*와 어렵게 발견한 줄기가 곧게 선 가는다리장구채*S. jenisseensis*도 소개하고 싶다.

유럽 장구채의 한 품종(품종 미상).

플록스 *Phlox*

정원사는 6월부터 8월까지 시간이 흘러가지 않았으면 하는 마음을 가지고 있다. 6월이 되면 서서히 꽃대가 잡히는 여러 플록스속 식물이 여름 정원을 지배할 것이다. 4~5월에 흔히 볼 수 있는 꽃잔디*P. subulata*가 바로 플록스속 식물이다. 벌써 많은 나비와 벌이 몰려와 정원에서 캠핑을 한다. 씨를 구해 만든 한해살이 플록스와 숙근 플록스도 여름부터 가을까지 정원의 효자 노릇을 한다. 숙근 플록스의 꽃도 흰색, 보라색, 붉은색, 자주색, 분홍색 등 다양하다. 품종도 많고 개화기도 길어 여름 정원에 플록스가 없는 상황은 생각하기도 싫다.

1. 드람불꽃*P. drummondii*. 파종해 키운 한해살이 플록스다. 2. 풀협죽도 '데이비드'*P. paniculata* 'David' 3. 풀협죽도 '데이비드'와 풀협죽도 '엘리자베스 아덴Elizabeth Arden' 4. 풀협죽도 '프리스매틱 핑크Prismatic Pink'

로단세 *Rhodanthe*

'로단세' 또는 '종이꽃'이라는 이름으로 많이 유통되는 로단세 '피에로'*R. chloroce phala ssp. rosea 'Pierrot'*는 씨를 뿌려 키운 녀석인데 보고 있으면 우울해질 정도로 아름답다. 새벽마다 고라니가 찾아와 이 꽃을 먹어서 아내와 나는 이때가 되면 굉장히 예민해진다. 이 꽃은 향이 없지만 특별하면서도 섬세한 아름다움이 있다. 꽃잎을 만지면 바스락 바스락 소리가 날 것만 같다. 분홍색 꽃이 피는 품종도 씨를 뿌려 많이 키웠다.

로단세 '피에로'

니겔라 *Nigella*

작은 우주선 같은 꽃이 인상적인 니겔라속 식물은 다양한 품종의 세계로 나를 초대한다. 옅은 잉크색 꽃을 피우는 니겔라 파필로사 '미드나이트' *N. papillosa* 'Midnight'는 파종 타이밍을 늦추었더니 실패했지만, 키워 본 다른 니겔라 가족을 생각하면 굉장히 훌륭한 식물임에 틀림없다.

니겔라 *N. damascena*

글라디올러스 *Gladiolus*

긴 막대기에 붙은 사탕처럼 꽃이 달리는 글라디올러스속 품종이 나를 보고 방긋 웃는다. 정원에 핀 꽃으로 나는 어느 계절인지, 몇 월쯤인지 알 수 있다. 글라디올러스꽃은 여름, 아니 8월이 왔다는 신호다. 붓꽃과 구근식물인 글라디올러스는 갖가지 색이 들어가 있는 팔레트를 떠올리게 한다. 굉장히 키가 큰 '롱 다리' 식물이다. 색감도 짙고 화려한 꽃이 피지만 장대비가 오면 쉽게 쓰러진다. 아프리카가 자생지로 전 세계적으로 200종 이상이 각 대륙의 꽃 애호가를 기쁘게 해 준다.

1. 글라디올러스 '퍼플 플로라 Purple Flora' 2. 글라디올러스 '로마 Roma' 3. 글라디올러스 '몽 아모르 Mon Amour'

태청숫잔대 *Lobelia siphilitica*

태청숫잔대는 나의 정원에서 7월 말, 8월 초쯤 꽃을 피운다. '푸른 그리움'이라는 말을 떠올리게 한다. 미국숫잔대라고도 하는데, 영어 이름은 위대한 푸른 로벨리아 Great Blue Lobelia다. 북아메리카 동부가 원산지인데 내한성이 너무 좋다 보니, 꽃 피우기가 그리 어렵지 않아 관리하기 매우 쉬운 숙근초다. 푸른색 꽃을 좋아하는 나에게는 정원의 보석 같다.

살비아 *Salvia*

개인적으로 너무 사랑하는 살비아 실베스트리스 '스니휴겔'*S. × sylvestris* 'Schneehugel'은 역광을 받으면 광휘를 더한다. 사과나무꽃 향기가 가득한 늦봄부터 한여름까지 눈이 온 것처럼 아름답게 꽃이 핀다. 향은 또 얼마나 찬란한지 꽃이 피면 매일 정원에 향수를 뿌려 놓은 듯하다. 프랑스 파리 식물원에 갔을 때 이 살비아속 식물을 한 100여 품종 보았는데 정말 입이 다물어지지 않았다. 살비아속(배암차즈기속) 식물은 전 세계 900여 종 이상의 품종이 있다고 한다. 파리 식물원에서 본 살비아 50여 품종은 잊기 힘들다.

살비아 실베스트리스 '스니휴겔'

델피니움 *Delphinium*

델피니움(제비고깔속)의 꽃은 늦여름에 핀다. 늦여름부터 초가을 화단을 장식하는 델피니움의 꽃은 청정고원이라 그런지 색이 깊고 눈부시다. 자라는 잎만 봐도 에펠탑이 지어지고 있는 느낌이다. 이곳을 천상의 정원으로 만들어 주는 주인공이다. 대관령의 일교차가 커지면 하늘의 푸른빛도 깊어진다.

델피니움(품종 미상).

라바테라 *Lavatera*

씨를 구해 길러 본 라바테라속 식물의 꽃은 정말 청순한 여인 같다. 씨를 받을 때의 기쁨은 정원사만이 안다. 라바테라는 영국왕립원예협회 우수 정원식물로 선정된 라바테라 트리메스트리스 '드워프 핑크 블러시'*L. trimestris* 'Dwarf Pink Blush'의 꽃이 피자 나는 매일 그 근처를 서성거렸다.

라바테라 트리메스트리스 '드워프 핑크 블러시'

베로니카 _Veronica_

베로니카(꼬리풀속)의 꽃이 피었다. 오후 5시 55분. 나는 이 즈음의 빛을 사랑한다. 특히 꽃으로 들어오는 역광은 최고다. 어떤 단어로 이 시간 정원의 색을 표현할 수 있을까. 이 시간에 콧노래를 부르며 산책하고 해 질 녘 독서하는 시간을 사랑한다. 꽃이 주는 냄새도 다르다. 해 질 녘 꽃들은 태양을 뒤로하고 달님과 속삭일 준비를 한다. 살바토레를 찾는 손님들도 자주 물어보는 식물이다.

1. 베로니카(품종 미상) 2. 긴산꼬리풀 _V. longifolia_

사포나리아 *Saponaria*

사포나리아(비누풀속) 역시 씨를 구해 처음 키워 보았는데, 성공했다. 음성에 사는 꽃을 좋아하는 지인이 살바토레에 찾아와 씨를 여러 종류 주고 갔는데, 그중에 사포나리아 바카리아 '핑크 뷰티'*S. Vaccaria* 'Pink Beauty'가 있었다. 한들거리는 모습이 발레리나처럼 아름다운 식물이다.

사포나리아 바카리아 '핑크 뷰티'

뱀무 Geum

가드닝 첫해부터 뱀무 키우기에 도전했다. 요즘에는 멋진 유럽 품종이 많이 수입되어 있다. 고맙게도 이 추운 대관령 영하 25도를 견디는 식물이다. 화려하고 우아한 주황색 꽃을 피우는 식물이라 식물을 좋아하지 않는 사람조차도 가끔 쳐다본다.

뱀무 '러스티코 오렌지 Rustico Orange'

기다립니다

3.

자연의 품에 안겨 걷는 삶

'대관령의 고독한 소년'이 걷는 숲길

바람이 조금 멎자 걷기에 나선다. 대관령에 사는 사람의 특권이다. 강산이 변하도록 수천의 길을 걸었다. 매일 그 길들이 나를 초대했다. 사계절 백두대간 구석구석을 다녔고, 걷다 보니 해발고도에 따른 식생 변화도 눈에 보였다. 마을 구석 오지에 남아 있는 화전민들의 흔적을 종종 느낄 때면 가슴 아프기도 했다. 삶은 가끔 아이러니한 천국이라는 생각을 하게 된다. 산책은 잠재적 언어를 끄집어내 수려한 문장을 만들게도 하지만 곳곳에 존재하는 부조리와 잔인한 현실도 보게 한다. 그럼에도 불구하고 긴 겨울을 뚫고 나온 아름답고 소박한 야생화들이 환희와 고통이 첨예하게 대립하는 상황에서도 나의 두 다리를 반갑게 맞이한다.

나는 걷기 예찬론자다. 두 다리로 할 수 있는 지구 최고의 여행이 바로 산책이다. 문밖으로 나가면 하루가 여행이 된다. 나는 산책을 하지 않는 사람과는 대화가 되지 않는다고 생각할 정도로 걷기를 좋아한다. 아내는 종종 나를 '대관령의 고독한 소년'이라 부르기도 한다. 혼자 걸으며 만나는 봄 숲의 정경은 외로움을 덜 느끼게 해 준다. 큰 나무들과 시시각각 변하는 관목들이 내 손을 잡아 준다. 까마귀들도 달려온다. 연둣빛은 하루가 다르게 변한다. 까마귀들은 내가 걷는 길 위에서 편대 비행을 하듯 순회한다.

여기저기 나무 경연 대회가 펼쳐진다. 잣방울을 떨군 잣나무가 촛불 형상을 하고 보일 듯 말 듯 숨어 버리기도 한다. 나무의 풍성한 허리가 오직 자연만이 보여 줄 수 있는 미적 감각을 뽐낸다. 나를 내려다보는 키 큰 아름드리나무, 작고 소박한 관목, 외계인 같은 침엽수, 모두 숲길의 다정한 친구다. 수피가 돌처럼 단단한 피나무, 명품 복자기나무, 아내처럼 듬직하고 잘생긴 마가목, 대관령의 자랑 산사나무, 높은 산골에 자리잡은 희귀한 만병초, 시집온 새색시 같은 진달래, 부잣집 며느리 같은 철쭉도 모두 산에서 매일 접하는 나무라는 이름의 든든한 친구들이다.

대관령에 사는 즐거움은 즐기는 자만이 알 수 있는 신비의 묘약이다. 강산이 바뀌도록 10여 년 넘게 매일 백두대간을 걷다 보니, 수형樹形에도 관심이 높아졌다. 인위적으로 깎아 놓은 나무를 좋아하지 않는다. 나무는 원래 모습 그대로 자란 나무가 예쁘다. 생긴 그대로의 모습이 멋진 나무들을 볼 수 있기 때문에 내가 대관령에서 오래 살고 있는 것 같다.

대관령의 들판에서 자라는 들풀, 관목, 침엽수, 이름도 모르는 키 큰 나무들이 만들어 낸 작은 숲, 그 사이의 오솔길. 각각의 존재 이유를 생각하며 내면의 호수로 조금 더 깊이 들어가 사색하면 무엇 하나 중요하지 않은 것이 없다. 식물의 본질과 그 존재의 단정함은 늘 감동을 준다. 식물은 만물의 시작이다. 식물에는 사랑이 있다. 매일 그려 내는 고유한 예술이 있다. 그래서 나는 식물이 좋다.

40년 된 산돌배가 있는 할아버지네까지 걸어가면 1시간 정도 걸린다. 문밖을 나서면 이 길로 갈까, 저 길로 갈까, 여러 생각이 든다. 오늘은 100년 된 산돌배가 있는 곳으로 돌아갈 것이다. 이장형네 서쪽으로 돌아가는 길인데, 나만 아는 길이라 칭하고 싶다. 이 길을 걸으면서 바흐 골드베르크 변주곡과 평균율을 자주 들었다. 마을 산책을 할 때 듣는 클래식은 나의 산책 친구다. 바흐 음악은 걸을 때 들어도 좋다. '음악의 헌정', '푸가의 기법', '바이올린 소나타', '플루트 소나타', '칸타타', '마태 수난곡', '요한 수난곡' 등 정말 바흐의 곡은 대관령에서 들은 천상의 소리 그 자체였다. 그 아름다운 소리에 빠져 나날이 여행을 떠났다.

바흐의 음악을 듣고 나무를 구경하며 마을 할아버지네에 가면 좋아하는 만둣국을 잘 끓여 주신다. 오랜만에 왔다고 대화하다 보니 시간이 빠르게 지나간다. 벚나무집 할머니가 감자전이라도 먹고 가라 하신다. 고마운 분들이다. 불편한 마음보다 미안한 마음이 든다. 그곳을 나오면서 마을 목사님도 만난다. 마을 목사님과 밀린 이야기를 나누는 시간도 너무나 좋다. 손을 잡고 마을 목사님과 여유로운 대화를 나눈 후, 다시 길을 걷다가 싸리가 우거진 담 너머로 마가목이 찬란한 아름다움을 뽐내는 아저씨네서 만난 집배원과 또 커피를 마신다. 이 얼마나 소박한 즐거움인가?

마을은 아름답기 그지없다. 이들과 시간을 나누며 함께 늙고 세월을 보내고 있다. 보통의 산골 마을 이야기다. 언어적 예의를 굳이 갖추지 않아도 친근감 있는 사람들과 미소와 걱정 어린 눈빛을 주고받는 것만으로도 살아 있구나, 하는 생각이 든다. 아내는 늘 말한다. 당신은 0세부터 80세까지 '친구 삼을' 수 있는 사람이라고. 하지만 어느 날은 마을에 사람이 없으니, 이곳에 너무 오래 살다 보니, 빛과 삶의 심연을 들여다보게 되는 순간이 온다. 평온했던 마을에 다시 바람이 분다. 고통의 순간이 지나가고 바람이 며칠 잦아지면 정원에서 무럭무럭 색이 자라난다. 이제 걷잡을 수 없을 정도로 거짓말이 펼쳐질 것이다. 꽃에게 지고 말 것을 알면서도 거짓말 같은 풍경이 매일 나에게 보내는 초대장을 거부하지 못할 것이다. 여하튼 1년 중 한여름을 제외하고는 바람과 시소게임을 해야 하는 상황이 자주 펼쳐진다. 대관령 안개라는 운해, 이것도 바람 못지않게 나의 신경을, 사람들의 마음을 자주 건드린다. 하지만 겨울 6개월이 경험하게 하는 무서운 난방비, 불편한 교통, 꿈과 어스름이 뒤범벅된 사람 없는 마을, 이런 것도 '바람의 마을' 대관령의 매력이기도 하다.

하루는 정원 일을 마치고 민박집 청소를 끝낸 후 산책을 나섰다. 이런 날은 매우 좋아하는 소설가 나쓰메 소세키의 장편소설 《풀베개》가 스친다. 아내가 동반자가 되기도 하지만, 대부분은 나 홀로 걷는다. 어느 날 굉장한 바람을 맞으며 뒷산을 걷는데 나무들이 내 눈 앞에서 시위를 한다. 이런저런 참나무류의 고유한 모습은 언제 보아도 멋스럽다. 매일 나무들만 보면 환영幻影에 시달리기도 한다. 그날도 봄 파종을 끝내고 뒷산을 걸으며 이런 생각을 했다. 이곳은 알다가도 모를 깊은 산골짜기다. 그럼에도 불구하고 이 침잠沈潛의 시간이 좋다. 그 시간에는 언제나 변화무쌍한 날씨의 신들이 내게 다가온다.

자연의 품에

1. 알펜시아 방향으로 산책하러 나갔다가 본 가을 풍경.   2. 여기저기 정처 없이 차를 끌고 나갔다가 어느 오지 마을에서 본 운해 가득한 풍광.   3. 전나무숲 사유의 길은 혼자, 때로는 아내나 손님과 함께 자주 걷는 코스다. 숲에서는 소년이 되기도 하고, 아마추어 숲해설가가 되기도 하고, 그냥 자유로운 영혼이 되기도 한다.   4. 연둣빛 감성의 최고봉! 자작나무숲의 봄.

독일가문비 숲에서 책 한 장 읽고, 푹신한 흙도 밟고, 피톤치드 가득한 숲향도 맡는다.

1. 마을 산돌배 할아버지네 집 앞을 끼고 걸을 수 있는 나만의 산책로. 2. 들판을 거닐다 본 고산지대 대관령 소경. 사람이 드물다. 3. 평창군 대관령면은 나에게 마르지 않는 영감의 샘물이다. 대관령은 여행자로 산책자로 살기에 더없이 좋은 곳이다. 4. 일본잎갈나무 군락지는 어느 계절에 가도 매우 사랑스럽다. 자연과 숲의 유혹을 받으면 누구나 시인이 된다.

나는 자연에서
매일 예술가를 만난다

선들바람이 분다. 새벽 산책을 하고, 물을 주고, 정원사는 꽃의 여러 가지 모양과 색을 기록한다. 똬리를 튼 뱀 같은 검은 호스, 붉은 호스, 파란 호스도 각각 구역별로 갖다 놓아야 한다. 그 사이를 참지 못하고 찬란하게 피는 꽃도 있지만 시드는 꽃도 있다. 방문객들이 찾아오기 시작하면 나는 바빠진다. 같은 소리를 낸다. 오대산 올빼미처럼 눈을 크게 뜨고 심호흡을 한다. 어느 날은 재잘재잘 앵무새가 된 듯 여러 차례 말하기도 한다. 대관령 기후에 특화된 식물들은 까다롭고 종종 새침한 여성 식물 애호가들의 소란한 마음을 차분하게 만들어 주며 감동을 전한다. 다들 놀라는 분위기다. 나는 자신감 있게 키운 식물들을 내가 디자인한 옷처럼 설명한다.

봄이 시작되자 밤마다 내일은 정원에서 어떤 일을 해야 하나 머릿속이 복잡해진다. 나는 상상 속에서 크레파스를 꺼내 들고 정원에 그릴 그림을 구상하고 있다. 지난가을 뿌린 나만의 거름이 얼마나 곳곳으로 잘 들어갔는지, 어떤 숙근초에 거름이 과다하게 들어가지는 않았는지도 걱정이다. 엽면시비도 생각해 본다. 또 앞으로 꽃이 피면 다양한 색의 잔치가 벌어질 것인데, 어떤 꽃이 어느 구역까지 과도하게 침범하는지도 유심히 관찰해야 한다. 한해살이풀을 어떻게 구역을 나누어 심고, 화분에는 어떻게 심어야 할지도 고민이다. 언젠가 다시 꽃과 잎에 찾아올 병충해도 미리미리 파악해야 하며, 내가 심은 식물이 어떤 생육 과정을 거칠지 나름 연구원이 되어 관찰하고 짐작해 보아야 한다. 자주 생기는 병충해 관리, 필요한 영양제 공급, 분갈이 시점 결정, 흙과 거름의 종류 선정, 웃거름_{씨를 뿌린 뒤나 모종을 옮겨 심은 뒤에 주는 거름} 주는 시기 확인, 화분 청소, 썩은 잎 관리, 캐고 심어야 할 것 정리, 장마 전 해야 할 일 점검, 관목 전정. 정말 할 일이 태산이다. 정원에서 일해야 할 시기가 다가오면 그 걱정에 잠도 오지 않는다. 중압감이 내 목을 짓누르기도 한다. 하지만 나는 일하다 콧노래를 부르고야 마는 달콤한 시인이자 종합 예술가인 정원사다. 식물을 키우다 보면 내가 빠르고 섬세하게 외줄 타기를 하는 사람 같다는 생각을 한다. 꽃 앞에서는 매일 '배알도 없는 남자'가 된다. 연애할 때 아내를 만나러 가면서 느꼈던 그 느낌이다.

어느 해부터 튤립 주위에 물망초를 심었다. 팬지류도 여러 품종 심었다. 알리움도 심고 한련화도 심었다. 심어 놓은 여러 숙근초 앞에 서면 춤이라도 추고 싶다. 경이로운 봄이 오면 하루하루가 다르게 새로운 무언가가 나온다. 환희와 상상이 가득한 정원이여! 나는 그대를 무한화서無限花序, _{아래쪽이나 가장자리에 있는 꽃부터 피기 시작하여 위쪽으로 피어 가는 꽃차례}라 부른다. 정원에는 자연의 예술가가 모여든다. 나에게는 정원에서 이루어진 모든 것이 자연 안에서 만난 예술가들의 작품이다.

정원의 아름다움에 빠져 흔적을 남긴 예술가들은 너무나 많다. 정원에서 수줍어하는 봄꽃들을 바라보며 그림을 그렸던 화가들은 나에게 또 다른 영감을 준다. 정원은 누구나 만들 수 있지만, 오래도록 관리하며 소유하는 것은 굉장한 노력을 요구하는 일이다. 이러한 노력으로 지속되는 아름다운 풍경에 매료된 모네는 오죽하면 "정원은 나의 가장 아름다운 명작이다"라고 했겠는가? 정원을 어슬렁어슬렁 거닐다 보면 나는 정원 풍경을 잘 그리는 화가가 된 듯한 느낌을 받는다. 어머니의 장미정원에서 영감을 얻었다는 크리스챤 디올을 시작으로 레오나르도 다빈치, 피에르 오귀스트 르누아르, 폴 세잔, 앙리 마티스, 에밀 놀데, 프리다 칼로, 살바도르 달리, 장 자크 루소, 제인 오스틴, 찰스 디킨스, 버지니아 울프, 조지 버나드 쇼, 토머스 하디, 윈스턴 처칠, 헤르만 헤세, 칼 푀르스터, 러디어드 키플링, 강희안. 모두 정원을 소유하거나 정원을 그림과 글에 담은 화가이자 작가이며, 위대한 정원사다. 정원은 그렇게 예술과 책의 세계를 이어 주는 흥미진진한 지적 대상이자 호기심의 대상으로 나에게 매일 다가왔다.

위대한 작가들은 정원을 어떻게 소유하게 되었나? 그들은 어떤 식물을 심고 길렀을까? 이들은 대관령과 내한성이 비슷한 지역의 식물들을 어떻게 키우고 관찰했을까? 유독 튤립을 좋아한 예술가는 누구인가? 수선화를 이토록 좋아한 사람은 또 누구인가? 이렇게 의문을 가지고 책과 그림을 만나다 보니 여러 가지 사실을 알게 되었다. 어느 작가가 작약에 심취해 작약 전문가가 되었는지도 알게 되었고, 뭉크의 그림에서 본 식물이 사과나무와 숙근양귀비라는 사실은 내게 큰 충격을 주기도 했으며, 에밀 놀데의 깊고 어두운 아이리스 그림을 볼 때면 화가가 얼마나 이 식물을 사랑했는지 대번 알 수 있었다. 정원을 가꾸면서 이런 예술가들과 상상으로 교류한 시간은 나에게 많은 영감을 주고 가드닝을 위한 양분이 되었다.

정원사라면 누구나 타샤 튜더의 정원을 알고 있을 것이다. 타샤의 정원이 위치한 버몬트주 역시 대관령과 기후가 비슷하다 보니 나에게 타샤의 정원은 꿈의 무대이자 만리장성이었다. 그 책에서 본 광대한 루피너스밭, 소담하고 우아한 작약, 도도한 모습의 오리엔탈양귀비, 세련미 넘치는 장미들, 키다리 델피니움, 그리고 자연과 함께하는 타샤의 삶을 대관령 나의 정원에 고스란히 모셔 오고 싶었다. 이렇게 10여 년 넘는 세월 동안 온갖 불안과 공포로 지쳐 있을 때, 나는 어떠한 세계보다 나를 품어 주는 정원으로 매일 발길을 돌렸다. 정원은, 정원의 식물들은 너른 품으로 평생 환하게 웃어 주는 엄마처럼 나를 반겨 주었다.

언젠가 정원에서 정원에 관한 책을 읽다가 잠이 들었다. 꿈에서 본 정원은 언제나 평화로웠다. 나는 고상한 정원사가 되어 시와 소설을 읽다가 정원과 자연에 관한 글귀가 나오면 밑줄을 쳤고, 좋아하는 구절은 낭독하기도 했다. 꿈에서는 거센 바람이 없었다. 매일 따뜻한 남풍만 불었고, 마시지도 못하는 포도주를 몇 잔씩 들이켜며 찰스 부코스키처럼 시를 적기도 했다. 또 아름다운 소프라노가 매일 미성의 음악을 들려주었다. 정원에서 사는 고양이 두 마리는 울지 않았고, 아기 울음소리를 내지도 않았다. 심어 놓은 숙근초는 내 어깨 높이로 자라 영국 큐 가든의 군네라 마니카타처럼 거대하게 잘 자라 주었다. 또 나의 올드 잉글리시 십독Old English Sheepdog, 영국에서 목양견을 목적으로 개량한 개의 한 품종 벨라는 꽃밭을 절대 밟지 않았다. 가끔 다리를 들고 왈츠를 추었고, 얼마나 얌전한지 목청을 높여 짖지도 않았다. 전 세계 존재하는 모든 나비와 화려한 벌은 나의 아담한 정원에서 각각 특색 있는 집을 만들어 자신들의 존재 가치를 알렸고, 지구상에 존재하는 모든 거미와 지렁이는 미인 대회를 열고 있었다. 또 어느 여성이 프리다 칼로처럼 이젤을 펼치고 멋지게 그림을 그리곤 했는데, 나의 정원을 전 세계에서 가장 신비하게 그리곤 했다.

어느 날은 정원의 여신이 알몸으로 각양각색의 꽃으로 만든 화관을 두른 채 내게 다가왔다. 아네모네, 월계화, 코스모스 '스노 퍼프Snow Puff', 작약 '코럴 선셋', 수선화 '데코이', 튤립 '퀸 오브 나이트', 오리엔탈양귀비 '맨해

튼Manhattan'이 적절히 섞여 이루어진 이 세상에서 단 하나뿐인 화관이었다. 눈이 부셨다. 그 여신은 또 가끔 다양한 화서花序를 그림으로 그리곤 했다. 그 꿈의 여신이 그린 그림은 잊을 수 없을 만큼 찬란했다. 화서는 꽃이 줄기나 가지에 붙어 있는 상태를 말하는데 '꽃차례'라고도 부른다. 화서는 아름다운 그림이자 건축이다. 시적 화서, 원예적 화서, 언어적 화서, 말의 화서, 시의 화서, '화서'를 붙이면 모두 아름답기 그지없는 말이 된다. 꿈에서 다양한 배열을 이루며 피어난 꽃을 만지작거리기도 하고 그리기도 하다가 무릎을 친 적이 있다. 그리고 생각했다. 화서를 구분 지을 수 있는 모든 식물의 이름을 외우고 싶다고 말이다.

1. 새벽과 해 질 녘에 정원사는 바빠진다. 해가 뜨면 꽃들이 타니까, 정원사는 숨을 크게 쉬며 바삐 물을 주어야 한다. 2. 꽃이 진 것은 바로 잘라 주어야 한다. 부지런한 정원사는 쉴 틈이 없다. 3. 팬지류 역시 꽃이 지면 바로 따 준다. 4. 정원 구역 가장자리에 자리 잡은 물망초가 연한 푸른색꽃을 뽐내고 있다. 물망초꽃과 호스타는 잘 어울리는 짝꿍이다.

나는 두 발로 길 위에
내 삶을 기록하고 있다

늑대가 물러가고 개들이 깨어나는 새벽 5시 30분. 여느 때와 마찬가지로 일찍 눈을 뜬다. 정원에 꽃이 많이 피어 있을수록 일은 많아진다. 하지만 나는 산책에 나서야 한다. 자연은 아첨하거나 잘 보이고 싶어 용을 써도 무언가를 한꺼번에 주지 않는다. 줄 듯 말 듯 줄다리기할 때가 한두 번이 아니다. 게다가 나는 무서운 바람이 찾아오고, 한 달에 보름 이상 짙은 안개가 끼고, 극심한 일교차가 일상인 어려운 마을에 살고 있다. 하지만 그러한 기후에 적응이 되면 하루도 산책을 나서지 않고는 견딜 수 없다. 마을 농로나 작은 길에 배어 있는 이 지방 특유의 몽환적 차분함에 중독되면 산책 그 이상의 호사를 누릴 수 있다. 살바토레 옆으로 펼쳐진 옥수수밭이 장관이다. 이곳은 어느 해에는 배추, 어느 해에는 옥수수, 어느 해에는 감자를 심는 밭이 된다. 나는 귀촌 후 처음 감자꽃을 보았다. 감자가 그렇게 맛있는 음식인지도 대관령에 와서 알았다.

나의 마을 곳곳에 숨은 그 '작은 것'들에는 신이 깃들여 있다. 유심히 눈을 크게 뜨고 찾아볼 필요도 없다. 마을 할머니네 담벼락에는 이 지방 특유의 소박한 정경이 펼쳐진다. 옥수수, 황태, 감 등 담벼락에 널어 놓은 먹을거리는 철마다 바뀐다. 소경小景도 제각각이다. 산벚나무가 자라는 할머니네 집에 다다르자 강가의 작은 돌로 테두리를 친 정원에서 피어난 소박한 꽃들이 보인다. 그곳에는 내가 준 식물도 있다. 우리 집에서는 자주 보는 꽤 익숙한 꽃이지만, 이 산골에서는 쉽게 보기 힘든 서양 품종의 꽃이다. 산벚나무집 할머니는 언제나 우리 집에 꽃 구경을 와서 "참 신기한 꽃이 많네" 하며 자꾸 서성거리셨다. 식물을 조금 나누어 달라는 이야기다. 나는 언제나 기꺼이 소박한 나눔을 한다. 튤립 구근도, 히야신스 구근도, 패모 구든도 꽃에 반한 이들에게 나누어 주었다. 구근을 한해살이식물로 생각하면 마음이 편하다. 할머니네 근처의 당근밭은 소박한 정경이지만 우아한 쾌감을 불러일으킨다.

뒷짐 지고 산벚나무집을 지나쳐 걷다가 복자기 아래 근처에서 자주 걸어가던 길로 방향을 돌린다. 그 복자기 옆에는 자작나무가 있고, 머리를 풀어 헤친 버드나무도 작은 개울가 옆에 우람한 모습으로 자라고 있다. 얼마나 우람한지 그림자가 길을 다 덮고 있다. 복자기는 명품 단풍나무다. 가을철이면 환상적인 색감의 단풍이 드는데, 수피는 좀 지저분하지만 나무는 아름답기 그지없다. 사계절 산책하는 나 같은 이들에게 언제나 슈트를 차려입은 신사처럼 손을 내민다. 가끔 복자기 아래에서 오페라 아리아를 한 곡 듣기도 한다. 키 큰 옥수수밭 사이로 들어가면 숲속의 난쟁이가 된 것 같은 기분이 든다. 그러다 다시 감자밭이 나오면 피리 부는 사나이가 된다. 그뿐만이 아니다. 어떤 집에는 아직도 마구간이 있어 과거로 돌아간 듯한 기분을 느낄 수 있다. 자동차가 다니는 길을 쳐다보니 어느 멋쟁이 신사가 자전거를 타고 언덕 너머로 가고 있다. 아름다운 순간이다. 마을 곳곳을 두 발로 걷거나 혹은 자전거를 타고 누빈다. 산벚나무 할머니네 집, 하얀 꽃이 핀 감자밭, 가느다란 잎이 하늘거리는 당근밭, 소설의 배경이 되곤 하는 옥수수밭까지, 사계절 사색의 숲길이 펼쳐져 있다.

새벽 빛이 다르고 아침 빛이 다르다. 빛은 계절에 따라서도 다르다. 시시각각 빛의 그림자와 농도가 다르다. 이 변화무쌍한 빛을 느끼며 걸을 때 행복하다. 고추밭을 지나 새로운 시공간이 있는 그곳으로 갈까, 우람한 산벚나무 할머니네 쪽으로 갈까, 오늘은 어디로 걸을까, 늘 고민한다. 걷기는 두 발로 경험하는 매일의 축제다. 걷기는 나에게 달콤한 취미이자 고독한 사유의 확장이다. 고독 안에 있을 때 내가 어디에 있는지를 생각하게 되고, 그 고독은 다른 방향의 환상의 길로 늘 나를 안내해 준다. 산책은 내가 이곳에서 오래 살 수 있도록 만들어 주는 힘이다. 나는 두 발로 길 위에 매일 매일 내 삶을 기록하고 있다.

정원에서 일하다가 산책에 나선다. 하얼빈에서 온 젊은 남자들이 드넓은 밭에서 일하고 있다. 남자들은 네모난 칼을 들고 리드미컬하게 배추를 자르기 시작한다. 다행히도 마을의 1년 농사는 순항하고 있는 듯하다. 여름 배추는 각시탈 모양으로 숨을 쉬고 있고, 옥수수의 암술과 수술도 기다랗게 자라났다. 감자꽃은 피었다 순식간에 사라져 버렸는데, 그래도 멀리서 보면 잎이 감자밭임을 알려 주며 영역 표시를 한다. 여름에 들어서자 끝이 보이지 않는 파밭은 푸른 파도가 출렁이는 것 같은 풍경을 연출한다. 브로콜리와 비슷한 파슬리는 그 끝이 얇고 밋밋한 것을 보니 올해는 농사가 굉장히 잘된 것 같다. 다시 우리나라 지형 같은 비탈진 경사면의 밭을 돌고 있는데, 꽃 같은 적양배추적채밭이 보인다. 올해 시세가 좋아 다 잘 팔렸으면 좋겠다. 마을에서는 열심히 일하는 외국인들을 많이 볼 수 있다. 눈에 익숙한 캄보디아 사람들이 나를 보자 손을 흔든다. 나는 허리를 숙여 인사하고 그들에게 고마움을 표시한다. 길을 건너 옆 마을에 가 보면 끝이 보이지 않는 배추밭이 나를 압도한다. 농사를 모르는 내가 보아도 이미 고랭지 배추의 속은 단단하게 차고 있다. 압도적 풍광을 선사하는 배추밭의 광활함에 때로는 현기증이 나기도 한다. 곧 가

자전거를 타거나 걸으며 자주 마을 산책을 한다. 산벚나무 할머니네, 감자밭, 당근밭, 익숙한 듯 늘 새로운 풍경을 만난다.

을이 시작되면 거대한 트럭들이 새벽에 들어와 2시면 수확을 시작할 것이다.

옥수수밭은 나의 놀이터다. 근처 옥수수밭을 지날 때면 키 큰 옥수수 사이에서 마을 할아버지네 아이들의 웃음소리가 들린다. 가위바위보를 하는 소리도 들린다. 양들도 들판에서 스르륵 무리 지어 움직인다. 말들도 들판에서 느릿느릿 걷는다. 이 마을의 아이들과 뛰어놀던 나의 딸아이는 이 들판을 좋아했다. 자연에서 아이들과 우리는 하나가 된다. 이 커다란 대관령은 이 우주가 우리에게 준 선물이자 교과서다. 우리는 이곳을 때때로 '자연백과사전'이라 부른다.

옥수수밭은 미로다. 코끝으로 다가오는 대관령 지방 특유의 흙냄새와 고원 냄새가 좋다. 새벽 산책 후 다시 내 정원 안 '바흐의 숲'에 도착한다. 방문객들과 마신 찻잔을 씻은 후 뜯지 않은 예브게니 코롤리오프의 바흐 파르티타Partita를 꺼내 본다. 진열장에 꽂혀 있는 풍월당에서 산 음반들을 눈으로 훑는다. 산골생활을 하며 지칠 때 자주 찾았던 풍월당에서 데려온 음반들이 세월을 말해 주는 듯하다.

마음껏 사유하라고 계절은 다채로운 양탄자를 깔아 준다. 봄에는 걸으며 박새 군락지에서 나는 노랫소리를 듣는다. 여름에 나는 생강나무 군락지에서 (아무도 알아주지 않는) 시인이 된다. 가을이 되면 나는 메리 올리버가 된 듯 걸으며 머릿속에 떠오른 문장을 읊어 보기도 한다. 때로는 캥거루가 되어 모든 소리를 느낀다. 걸을 때는 귀가 예민해진다. 멀리서 피아노 소리가 들리기도 한다. 겨울이 되면 나는 고삐 풀린 말이 되어 아무도 없는 대숲을 혼자 미친 듯이 때로는 낭만적인 고독한 산책자가 되어 걷는다. 말이 뒷발을 차도 보는 사람은 나뿐이다. 나는 매일 길 위에서

1. 옥수수는 암술과 수술이 아주 근사하게 생겼다. 강원도 옥수수 중 최고의 맛을 자랑하는 대관령 옥수수가 자라는 밭 주변은 멋진 산책로다. 옥수수는 아주 오래전 아메리카에서 유럽을 거쳐 한국으로 들어왔다고 하는데, 그야말로 신대륙 발견의 성과다(우리는 옥수수 마니아다). 2. 대관령은 고랭지 농업의 상징과도 같은 곳이다. 끝도 없이 펼쳐지는 배추밭은 넋을 잃게 만든다. 배추밭에 가면 대관령 지방 특유의 배추 향이 난다. 대관령에서 키운 배추는 최고의 향과 맛이 난다. 배추밭을 따라 걷다 보면 나도 모르게 고개를 넘게 된다.

느낀다. 숲은 늘 이 모습을 반듯하게 내려다보고 있다.

곧은 자세로 서 있는 나무들, 비스듬히 서 있는 나무들, 보란 듯이 키를 키운 나무들. 노르웨이의 어느 숲길 같은 외길이 나오면 나는 더욱 깊은 생각에 빠질 수 있다. 호젓한 산길에서 나는 혼자 감탄사를 내뱉으며 클래식을 즐기기도 한다. 옥수수밭 너머 일본잎갈나무 꼭대기에서 계절풍이 차분하게 불어오고, 까마귀 다섯 마리 중 네 마리가 한 마리를 괴롭힌다. 부리와 입 사이까지 모두 검은색이라 멀리서도 눈에 보인다. 소나무를 잘라 낸 후 꼬리가 긴 짙은 밤색 청서는 다시 오지 않고, 잣나무 아래 습하고 눅진한 그곳에 가니 지렁이 수천 마리를 만졌을 때 느꼈던 그 물컹한 촉감이 숲의 다정한 신고식처럼 생각난다.

다시 일본잎갈나무 사이를 걸어 목장 초지에 들어간다. 아름다운 장미과 관목들이 나를 기다린다. 그곳을 또 걸으면 커다란 동물들이 내 어깨로 다가와 숨을 내쉰다. 숨소리가 거칠다. 말이다. 허벅지 아래를 긁어 주면 매우 좋아한다. 예쁘다. 프랑스에서 온 말은 다리가 꽤 길다. '서러브레드Thoroughbred'라는 품종인데, 주로 경주마 출신이다. 얼마나 다리가 고혹적인지 12등신은 되는 것 같다. '웜블러드Warmblood'는 마장마술에 능하다. 어떨 때는 영국 난쟁이 말이 나와 있기도 하고, 뉴질랜드 산양이 나를 감싸기도 한다. 낙엽을 밟고 서 있는데 창문 틈으로 마부 아저씨의 코 고는 소리도 느낄 수 있다. 해 질 녘이다. 다시 집에 갈 시간이다. 마부 친구와 더덕을 캐러 가기로 했는데, 오늘은 시간이 없다.

산책은 동반자가 꼭 있을 필요는 없다. 혼자 산책을 나서거나, 아내와 가거나, 바바와 가거나, 나는 그날의 상황과 컨디션에 따라 산책을 떠난다. 집 밖을 나서면 작은 길들이 마중 나와 있다. 사이사이 담을 친 옥수수

1. 대관령은 곳곳에서 말을 방목한다. 옆 동네 마을에 가서 마을 친구와 말 한 필을 묶어 인적이 드문 오지 숲 산책에 나선다. 스트레스를 받으면 몇 시간 달리기도 한다. 어느 때에는 말을 타고 버섯이나 산나물 구경을 하러 가기도 한다. 가끔 친구들이나 살바토레 손님들에게 말 타는 법 무료 레슨도 해 주고 있다.   2. 대관령 해발 1000미터 고지에서 본 웅장한 소나무는 언어로 표현하기 힘들다. 소나무가 왜 '나무의 으뜸'이라 불리는지 알 것만 같다. 암꽃이삭과 수꽃이삭을 들여다보면 신비스럽다. 봄에는 송홧가루도 날린다. 소나무는 종류에 따라 다양한 이름으로 불리지만, 나는 이곳에서 주로 보는 소나무들을 '대관령소나무'라 부른다. 소나무숲을 걸으면 대자연의 위대함을 절로 느낀다.

밭과 옥수수염이 그곳이 어디인지 알려 주기도 한다. 거대한 당근밭 너머 바람에 펄럭이는 멀칭 비닐 소리, 한가로운 오후에 흐르는 따사로운 샘물 소리, 까마귀가 고래고래 소리 지르며 초원 위 물푸레나무 위에서 싸우는 소리, 밭 밑 흙을 밟는 내 발 소리, '얼큰이' 다알리아가 하루하루 커 가는 소리, 산책하며 길 위에서 만나는 이 모든 소리가 나를 기쁘게 한다.

잠시 명료하고 강철 같은 슈나벨의 '베토벤 피아노 소나타 23번'을 듣는다. 글렌 굴드의 정신적 스승이었던 슈나벨의 피아노 소리는 잠시 숨을 돌리게 한다. 가끔 작은 보폭으로 땅콩꽃이 피기를 기다리며 땅콩밭 골 사이로 걷기도 한다. 땅콩은 좋은 흙 사이 깊숙한 곳에 뿌리내리고 자라고 있다. 아마도 감자처럼 나올 것이다. 나도 모르게 바람의 언덕 돌배나무까지 걷는다. 헤드폰에서 영화 〈대부 3〉의 'Sicilian Medley'가 들려온다. 아직 이곳은 녹음이 한창이다. 안개가 1500미터 아래까지 뒤덮여 있다. 이곳은 다른 지방보다 덥거나 음울하지 않다.

오늘도 페인트칠이 벗겨진 초록 대문집 중앙에는 할머니가 고무줄로 묶어 놓은 라디오에서 가요가 흐르고 있다. 매일 어디를 그렇게 가고 뭘 찍냐고 물으신다. 다알리아, 백일홍, 깨꽃, 맨드라미, 옥수수가 한창 크고 있는 할머니네를 통과한 후 밭길 고랑 진 곳을 줄타기하듯 걸으니 까닥까닥 외운 식물 이름이 머릿속을 스친다. 돌배나무에 달린 배를 보고 발길을 돌린다. 가지, 풋고추, 브로콜리, 파슬리, 고랭지 감자, 배추, 양상추가 보여 주는 녹색의 농도가 계절의 흐름을 보여 준다. 꽃범의꼬리가 장마의 끝을 알린다. 플록스와 다알리아가 누구라도 환영한다는 모습으로 두 팔 벌려 사람들을 반긴다.

걷기는 사람의 '뒷모습'을 보게 한다. 뒷모습은 누군가의 진실이다. 아내와 하루 일을 마치고 대관령 곳곳을 여행하면 참 좋다. 우리가 사랑하는 곳 대관령으로 침잠해 느끼는 고독이 좋다.

해 질 녘 대관령의 숲은 차갑고 몽환적이다. 숲을 걷고 있는데 고라니가 튀어나왔다. 고라니 한 마리가 나를 쳐다보다 도망갔다. 눈이 마주치니 어쩔 줄을 몰라 카메라를 꺼낼 생각도 하지 못했다.

오전, 마을 걷기에 나선다. 용산리가 아무리 작다 해도 집에서 북남 쪽 몇 킬로만 들어가면 처음 보는 풍경이 곳곳에서 포착된다. 수 킬로를 걸어 들어가면 이런 밭이 있었나 할 정도의 넓은 밭에 인적 하나 없는 드문 이색적인 풍경이 나타난다. 오늘은 메리 올리버와 모옌, 가와바타 야스나리, 리베카 솔닛의 여러 문장이 걷는 내내 머릿속을 스친다. 순간의 기억들은 그림자로 가끔 나타난다. 그런 밤들이 모여 밤이 아름답게 피어나고 저물어 간다. 카메라가 없을 때는 마음으로 풍경을 담고, 카메라가 있을 때는 사진으로 남긴다. 하늘을 쳐다보니 올가을도 '완벽한 날들'을 넘어 가슴 시린 풍경을 만날 수 있을 것 같다. 벌써 조금씩 물들기 시작하는 단풍과 200년 된 금강송, 15년 된 산머루 관목, 연초록 당근잎, 옥수수밭 아래 피어나는 남보라색 도라지꽃, 마을 구석까지 들어온 해바라기 '테디베어', 비탈진 언덕 중턱에 자리한 외래종 노랑코스모스, 잎이 큰 대접 같은 양배추와 푸르다 못해 시퍼런 하늘이 계절을 알린다.

언젠가 만곡萬斛의 글을 쓴 장석주 시인과 숲을 걸은 적이 있다. 산속의 새들이 무한의 휘파람을 불었고, 은방울꽃 군락지의 여름 나리와 노루 오줌은 산들바람에 흔들리며 우리를 반겼다. 선생님은 외래종 교란 식물이 청정고원 서식지에 없다는 사실을 발견하고 신기해하셨다. 전나무, 자작나무, 낙엽송, 구상나무, 층층나무 등의 늘어진 가지들이 여름날에 느낄 수 있는 서늘함을 전해 주었다.

빛이 넘어가는 시간, 모향母鄕의 노래가 들렸다. 고향의 노래였다. 고요 속 바람을 타고 선생님이 부르는 우리 가곡이 귓가에 들렸다. 나도 (음치임에도 불구하고) 어설프지만 가곡이나 오페라 아리아 부르기를 좋아한다. 벚꽃이 피는 봄밤에, 아까시나무꽃이 부르짖는 초여름에, 백합향 진동하는 여름밤에, 꽃 같은 낙엽이 춤추는 가을밤에, 얼음 왕국 고드름이 날카로움을 드러내는 겨울에도 가곡을 흥얼거렸다. 음정과 박자는 다 틀려도 대관령이라는 거대한 숲이 병풍처럼 일류 관현악단이 되어 내 뒤를 받쳐 주었다. 얼마 전 설악산 비선대 산행길에 '그리운 금강산'과 '고향 생각'을 계곡에서 흥얼거렸는데, 나도 모르게 감정이입이 되었다.

길은 꿈이라 생각한다. 선생님의 진중하고 깊은 성찰이 느림과 비움의 미학처럼 산책 길 위에서 흘렀다. 그가 들려준 장자와 《도덕경》 이야기, 자연의 본 모습이 가끔 흥얼거리게 되는 가곡처럼 지금도 생각난다. 해 질 녘 그 길을, 그 꿈을 다시 홀로 느껴 본다. 나비 한 마리가, 다람쥐 한 마리가 나를 쳐다본다. 몸이 익었다 녹았다 한다. 선생님을 이곳에서 만난 건 꿈이었다. 여름날 밤 꿈. 하지만 꿈은 이루어졌다.

대관령 '국민의 숲길'을 걷다 보면, 백두대간 자생종이 아닌 (노르웨이가 원산인) 독일가문비도 만날 수 있다. 책을 읽을 수 있는 평상도 있어 가끔 도감을 들고 들어가는 곳이다. 걷다 보면 낙엽송이라 부르는 일본잎갈나무도 나온다. 높지 않은 대관령 산에서 많이 볼 수 있는 나무로, 30미터 이상 자라는 전형적인 낙엽성 침엽수다. 잎이 돋아날 때, 잎이 떨어진 후, 폭설이 와 가지가 축축 늘어질 때, 모두 사진 찍기 좋은 나무이기도 하다. 상록성 침엽수 전나무도 빼놓을 수 없다. 수피의 검은 점이 꼭 표고버섯처럼 보인다. 성격이 곧고 외로운 층층나무는 내 구역 침범을 허락하지 않는다. 고흐의 유화처럼 까칠한, 마치 예술가의 영혼 같은 물박달나무의 수피 관찰도 숲 산책 중 자주 하는 일이다. 자작나무속인 물박달나무의 초봄 연둣빛 잎은 나무가 보여 줄 수 있는 가장 섬세하고 황홀한 색감을 뽐낸다. 솔직히 사람이 일정한 간격으로 심어 조성한 자작나무 숲은 매력적으로 느껴지지 않는다. 소나무, 잣나무, 주목 같은 침엽수는 물론이고 피나무, 산벚나무, 산돌배, 오리나무, 더 고지대의 사스래나무, 산사나무, 마가목 등 다양한 나무들이 숲을 지킨다. 매일 혼자 들어가도 나를 반갑게 품어 준다.

대관령 어느 마을이나 산을 걷다 보면 참나무류를 자주 만난다. 겨울에 장작을 태워 본 사람이면 알 수 있다. 이 참나무가 얼마나 고마운지. 참나무란 참나무속Quercus 나무들을 통칭하는 말이다. 중부지방에서 자라는 참나무속에는 기본 6종이 있고, 자연교잡이나 인위적으로 생겨난 교잡종도 많다. 어느 학자는 참나무류를 떡갈졸참나무, 졸갈참나무, 신갈졸참나무, 떡신갈나무 등으로 더 세세하게 분류하기도 한다. 세밀하게 신종으로 나뉘기도 하고, 다시 통합되기도 하는 참나무속 식물은 전 세계에 500여 종 이상이 있다고 한다. 참나무속 나무는 도감에서 보면 다른 듯 비슷해서 전문가가 아니면 동정하기 어렵다. 정확하게 알 수는 없어도 걸으며 곧 겨울 땔감으로 사용할 참나무를 만나면 즐거운 미소가 나도 모르게 번진다. 참나무 아래에서 잠시 잎을 바라보다가 굵은 몸통으로 시선을 옮겨 한참을 바라보곤 한다.

해발고도가 높은 대관령에서 자생하는 만병초를 만나면 소름이 돋는다. 진달래속 식물 중 가장 화려하고 멋스럽다. 만 가지 병을 고친다는 만병초는 우리가 잘 아는 진달래, 철쭉, 산철쭉 등이 속해 있는 진달래속 식물이다. 만병초를 야생에서 보는 것은 산에서 500원짜리 동전을 줍는 일만큼이나 쉽지 않다. 그만큼 만병초는 귀하다. 해발 1000미터 이상의 고산지대에서 자란다는 자생 만병초는 사실 인간의 간섭을 싫어하는 신비의 꽃이다. 언젠가 산 중턱에서 본 20년은 넘어 보이는 희귀식물 노랑만병초 Rhododendron aureum는 내가 식물원서 본 만병초 '타우루스' R. 'Taurus', 중국의 운금만병초 R. fortunei, 운금두견, 산광만병초 R. oreodoxa를 능가하는, 비명이 저절로 나올 정도로 멋진 만병초였다.

1. 깊은 산 중턱 골짜기에서 함박꽃나무의 꽃을 만나면 경탄하게 된다. 얼마나 청순하고 예쁜지! 향도 최고다. 북한의 국화로 알려진 이 나무의 꽃을 백두대간 중턱에서 보고 그 창백한 아름다움에 숨이 멎는 줄 알았다. 수피도 특이해 볼 때마다 감탄한다. 소리가 사라진 듯한 고요한 숲속에 자리한 이 나무 아래 있으면 나도 모르게 철학자가 된다. 침묵의 숲에서 나 자신을 들여다보게 된다. 2. "잠시 휴대폰을 꺼 두셔도 좋습니다." 전나무숲을 배경으로 만들었던 휴대폰 광고의 카피가 생각난다. 광고 영상 속에서 보았던 그 전나무숲 인근에 살고 있다니 믿기 힘들다. 전나무잎은 바늘 모양이고 뒷면에 흰 기공선이 있어 금방 알아 볼 수 있다. 열매는 나무 꼭대기에 매달려 있어 눈으로 보기가 쉽지 않다. 대관령, 오대산 선재길 일대에는 기막힌 전나무숲이 있다. 오대산 전나무가 전국으로 퍼졌다는 말도 있다. 명품 전나무숲을 걷고 피톤치드 가득한 숲 향을 맡으면 자연과 함께하는 삶의 기쁨이 절정을 이룬다.

나의 애인 숲이
싸늘하게 식어 가고 있다

나무들이 색을 바꾸고 있다. 늘어진 잣나무 휘추리(작고 가느다란 나뭇가지) 하나가 나에게 말을 건다. 까마귀가 있는 밀밭 사이를 걷다가 검은 옥수수밭 너머 금영화 이파리 같은 홍당무밭을 가로질러 콩밭에 다다르니 물푸레나무를 가운데 두고 다시 가을의 여러 색채가 훅 다가온다. 나는 지금 눈앞에 떨어진 붉은 별을 밟으며 걷고 있다. 만추로 향하는 대관령 곳곳을 산비둘기들은 속속들이 알고 있을 것이다. 나는 동화 속 신비를 느끼게 하는 들판과 숲을 걸으며 알 수 없는 어머니의 마음 같은 고요에 푹 빠져든다.

이제는 일본잎갈나무 사이로 순식간에 눈이 오기도 한다. 겨울이 오면 개밋둑(개미가 땅속에 집을 짓기 위하여 파낸 흙가루가 땅 위에 두둑하게 쌓인 것)은 볼 수 없다. 잎썩은흙(풀이나 낙엽 따위가 썩어서 된 흙)이 내 발에 닿는 기분 좋은 촉감을 느끼며 산에 오른다. 추위가 시작되었지만 이런 날씨에 하는 산책도 좋다. 가끔은 너무 길을 잘 알고 있다 보니 산을 가로로 타 보기도 한다. 자연의 다양한 얼굴이 오늘도 나를 걷게 한다.

사과나무 사이로 가을바람이 분다. 그 길을 열심히 걸었다. 아무도 없는 그곳에서 새들만이 어여쁘게 울고 있다. 홀로 걸으면 더 좋다. 길섶에 서서 흥얼흥얼 가곡을 부르기도 한다. 마을 길을 걷다 보면 요정이 나올 것만 같다. 진심이다. 마법을 믿지 않는 사람은 마법을 느낄 수 없다. 대관령의 밤과 낮을 가로질러 내가 걷는 오솔길은 특별하다. 인적이 드문 곳에 가면 더 자주 이런 마법 같은 기분을 느낀다. 작은 것들에 깃들인 신을 매일 느낄 수 있다.

대관령은 다른 지방보다 한 달 정도 빠르게 가을이 시작된다. 생강나무에 피어난 꽃을 보며 연애편지 쓰는 기분이 떠올랐던 게 엊그제 같은데 벌써 생강나무 잎에 단풍이 들기 시작해 정원사는 우울해진다. 산을 걷다 보니 생강나무 특유의 오리 궁둥이를 닮은 넓적한 잎이 신비로운 색감을 보여 주기 시작했다. 초봄에 생강나무 향에 빠져 키스하듯 나무에 코를 갖다 대곤 했는데, 어느덧 녹음이 가득했던 여름이 가고 산 곳곳에서 가을 요정들이 내 눈앞에 나타난다. 까뮈는 '가을에는 모든 잎이 꽃이 된다'고 했던가. 가을이 오면 매일매일 메리 올리버 같은 시인의 마음이 된다. 이때 산길을 걸으면 시적 먹잇감이 주변에 충만하다. 산에 들어가는 길은 언제나 신비스럽다. 이 끝을 알 수 없는 광활한 백두대간에 늘 나만 캥거루처럼 걷고 있는 듯한 기분이 될 때가 많다.

대관령의 산은 명품이다. 산이 품은 길이 가르치는 철학이 나는 좋다. 회똘회똘한 길들은 늘 나를 유혹한다. 새벽, 아침, 점심, 해 질 녘, 언제라도 가깝거나 먼 산에 오를 수 있는 곳에 살다 보니 늘 사유의 언어가 내 안에서 넘친다. 어느 날은 산에 오르며 이런 생각을 했다. "제 밖이 그러한 것처럼, 제 안에 늘 명암이 있어 더 최선을 다했어야 하는데, 라는 아쉬움이 늘 남습니다. 그래도 봄, 여름, 가을 나는 최선을 다했습니다." 이렇게 계절은 아프고 서글픈 것이기도 하다.

그래도 나는 가을을 '두 번째 봄'이라 부른다. 설레는 마음으로 무언가에 이끌리듯 나도 모르게 혼자만의 가을 숲으로 향했다. 물푸레나뭇과 들메나무가 깊은 산에서 나를 반긴다. 잎은 고상하기 짝이 없고, 수피는 견고한 느낌이다. 꽃은 또 얼마나 은은하고 아름다운지. 가을에 녹갈색에서 겨자색으로 변해 버린 잎들이 우울한 몽상에 빠지게 한다. 흰 가루를 엷게 뿌려 놓은 것 같은 호숫가에 가면 산과 이어지는 그 끝에서 나체가 된 나무의 정령들과 마주하게 될 것이다. 그 경계가 내 마음 안으로 들어왔다가 나간다. 몇 번이고 내린 서리가 일본잎갈나무 소지 끝까지 덕지덕지 붙어 있어 한겨울이 코앞으로 닥쳐온 느낌이다. 월동을 준비하느라 바쁜 마을 사람들은 짧아지는 그림자처럼 빠르게 일을 정리하고 있다.

자료가 필요해 설악산 인제 내린천 근처에 다녀왔는데, 10월 말임에도 불구하고 대청봉은 벌써 정상에 눈이 쌓여 있다. 해발고도가 낮은 지역은 늦여름 분위기가 아직 남아 있는데, 대관령처럼 해발 700~1000미터 되는 곳은 매우 쌀쌀하다. 이보다 더 높은 곳에는 눈이 내린다. 마을은 이미 춥고 눈이 올 조짐이 있다. 자연에 있으면 우리는 설명하기 어려운 감동을 받곤 한다. 하지만 자연은 항상 우리에게 무언가 주기만 하지 않는다. 자연은 언제나 호락호락하지 않다. 온화한 얼굴을 보여 주다가도 하루아침에 자연재해라는 이름으로 공포에 떨게 하기도 한다. 이럴 때면 우리는 꼼짝할 수가 없다. 10여 년 이상 자연에 기대어 살면서 자연은 단순히 아름답고 예쁘고 매혹적이지만은 않다는 사실을 깨달았다. 계절의 겉모습만 보고는 자연을 안다고 할 수 없다. 가을과 겨울에 숲을 걸으면 자연이라는 철학자의 가르침이 떠오르며 경건한 마음과 존경심을 품게 된다.

자연의 품에

1. 아내와 마을 뒷산을 걷는데 풍성히 자란 가을 냉이가 황홀한 모습으로 자라고 있다. 가을 냉이는 눈부시다. 무쳐 먹거나 냉잇국을 끓여 먹어도 좋다. 문밖이 마트다. 이런 게 산골에 사는 즐거움 아니겠는가. 2. 수확되지 않은 채 서리를 맞은 채소들의 형상은 쓸쓸한 무덤을 연상시킨다. 수확되지 않고 무릎 높이까지 자란 셀러리가 밭에 그대로 있다. 아내가 가져다 장아찌를 담그겠다 해서 "피곤한데 제발 그냥 지나치라"고 내가 말린다. 3. 이틀이 멀다 하고 아내와 걷는 시간은 매우 소중하다. 아내는 가끔 자기가 읽은 소설 이야기를 종달새처럼 들려준다. 귀여운 그녀의 목소리가 이 협곡을 지나 저 앞의 산에 메아리쳐 나에게 찰랑찰랑 돌아온다. 4. 대관령 싸리재는 나에게 사계절 매력적인 들판이다. 아주 오랫동안 꿈을 꾸게 만든다. 동서남북 곳곳을 찾아다니면 이렇게 크고 작은 들판이, 게다가 사람은 한 명도 없는 비현실적 들판이 널렸다. 입장료를 내는 목장 말고도 살바토레 주위로 조용하고 비현실적 들판이 많다. 대한민국의 작은 스위스 마을, 여기가 바로 대관령이다.

단풍의 매력

눈가 주름에 수심이 가득한 마을 아저씨와 커피를 마신 후, 집으로 돌아오는 길에 명품 단풍나무 중 하나인 복자기를 만난다. 어제와 다른 계절 소식을 온몸으로 알리고 있다. 새들이 하늘 위로 몰려간다. 가을 하면 가장 먼저 떠오르는 나무가 바로 복자기다. 영어 이름은 three-flowered maple. 나도박달이라 부르는 사람도 있다. 복자기의 단풍색은 단풍나무과 중에 가장 곱고 우아한 것 같다. 하지만 올해는 복자기에 자주 발생하는 병인 탄저병 때문에 단풍색이 덜 곱다. 연한 연둣빛을 시작으로 짙은 초록, 타는 듯한 붉은빛, 옅은 갈색, 진한 밤색으로 변하는 복자기 잎을 보면 계절의 흐름을 느낄 수 있다. 비슷한 나무로 복장나무가 있는데, 잎 가장자리 톱니가 동정 포인트다. 으뜸 단풍나무로 꼽히지만 수피는 결이 곱지 않다. 유사종인 일본복장나무의 경우 나무껍질로 눈을 씻으면 눈병이 낫는다는 말도 있다. 가을은 단풍나무속 *Acer* 나무들의 계절이다. 정말 다양한 단풍나무 식구들이 있는데, 비슷한 듯 다른 이 아이들을 관찰하는 일은 참 즐겁다. 숲은 나를 언제나 호기심 가득한 식물학자로 만들어 놓는다. 사진으로 본 나무들을 직접 보았을 때 감동이 배가 된다. 사진은 언제나 감동의 깊이를 그대로 담을 수 없다.

산에 다니면서 수많은 단풍나무속 나무에 반했다. 단풍나무 식구들은 어찌나 많은지. 뒷산의 신나무를 시작으로 중국단풍, 고로쇠나무, 청시닥나무, 시닥나무, 부게꽃나무, 단풍나무, 산겨릅나무, 당단풍나무, 은단풍, 설탕단풍캐나다단풍나무, 복자기, 복장나무, 꽃단풍나무, 네군도단풍, 히말라야산겨릅나무, 펜실베니아산겨릅나무. 모두 단풍나무 패밀리다. 대관령에서 흔히 볼 수 있는 단풍나무는 바로 당단풍나무다. 단풍나무에 비해 잎이 얇게 갈라지고, 열매가 하늘을 쳐다보고 있는 것이 특징이다. 단풍나무는 주로 중부 이남에 서식하기 때문에 대관령에서는 보기 힘들다. 잎도 차이가 있다. 단풍나무는 잎이 다섯 개에서 일곱 개로 갈라지는데, 당단풍나무는 잎이 아홉 개에서 열한 개로 갈라진다. 개인적으로는 오대산에서 만날 수 있는 부게꽃나무와 청시닥나무, 메이플 시럽을 선물해 주는 설탕단풍을 좋아한다. 로키단풍도 참으로 우아하고 멋진 수형을 뽐낸다. 이처럼 수많은 단풍나무는 나무마다 꽃과 열매, 잎과 어린 가지가 비슷하면서도 다르다. 하나하나 들여다볼수록 신비하고 놀랍다. 유럽이나 북미에도 많은 종류의 단풍나무가 있다고 하는데, 그 아이들은 또 어떤 모습으로 어떻게 살고 있을지 궁금하다. 이 얼마나 재미있는 세계인가?

1. 단풍나무의 명품이라 불리는 복자기. 가을 단풍의 색이 아주 곱고 아름답다. 2. 오대산에서 청시닥나무를 만나면 아주 반갑다. 청시닥나무는 꽃이 아래를 향해 달리고, 시닥나무는 위를 향해 달린다. 잎 가운데 끝 뾰족한 부분에 잔톱니가 있으면 시닥나무, 비교적 매끈하면 청시닥나무다. 3. 대관령 일대에는 당단풍나무가 지천이다. 단풍 빛이 얼마나 고운지 그야말로 색의 예술이다.

살바토레정원의 가을꽃

과꽃 *Callistephus*

과꽃이 피는 것을 보니 9월이다. 정원에 서서히 쓸쓸함이 밀려온다. 국화과는 굉장히 종류가 많다. 국화과인 과꽃도 무리 지어 피어 있으면 탐스러운 국화 꽃다발 같다. 가을에 보면 다양한 과꽃이 연출하는 풍경도 좋은데 아내가 좋아하지 않아 점점 정원에서 줄어들고 있다. 대관령은 9월인데 벌써 아침 공기가 싸늘하게 느껴진다. '바흐의 숲'에 난로를 설치해야 할 때가 온 것 같다. 잠시 새로운 식물을 보러 충청도를 다녀와야 하는데 피어 있는 꽃을 살피다 과꽃에 시선이 저절로 멈춘다.

살바토레정원의 다양한 과꽃 품종.

칼라 '골드 러시' *Zantedeschia* 'Gold Rush'

칼라 '골드 러시'는 초여름부터 가을까지 개화기도 길고 꽃 색도 진해 보면 볼수록 더 잘 키워 보고 싶다. 남아프리카가 원산이라 월동이 되지 않아 구근을 캤다, 심었다 해야 하지만 상당히 매력적인 꽃이다. 구근을 심으면 땅을 뚫고 둘둘 말린 잎이 올라오는 모습이 길게 뻗은 트럼펫 같은 모습이다. 프랑스 화가 라울 뒤피라면 이 모습을 색채감 있게 잘 그렸을 것이다. 칼라도 아주 많은 품종이 있는데, 다채로운 색감의 이 식물도 땅의 자리 확보가 필수다.

월동이 되지 않아 구근을 캐내어 보관해야 하는 칼라 '골드 러시'.

툰베르기아 알라타 *Thunbergia alata*

파종해 키운 툰베르기아 알라타도 검은 눈을 지닌 꽃이 나타났다. 툰베르기아 알라타는 아프리칸 나팔꽃, 검은 눈의 수잔이라고도 부르는 덩굴성 식물인데, 열대 지역에서는 2.5미터까지 자란다고 한다. 발아가 어렵지는 않았지만 대관령은 워낙 서늘한 곳이라 1미터도 자라지 않는다. 그래도 이렇게라도 자라서 꽃을 피워 주는 것이 신기하다. 하트 모양의 잎이 꼬여 있는 줄기도 참 신기하다. 오렌지색에 가까운 노란색 꽃잎 다섯 장이 모여 있는 중앙에 검은 점이 있어 마치 커다란 검은 눈 같다. 품종도 다양해 키워 보고 싶은 마음이 솟아나는 식물임에 틀림없다. 흰색, 살구색, 보라색 꽃을 피우는 품종도 있는데 모두 환상적이다.

덩굴성 식물인 툰베르기아 알라타.

인디언천인국 *Gaillardia pulchella*, 꽃범의꼬리 *Physostegia virginiana*

잠시 휴식기인 가을과 겨울을 보내고 나면 곧 봄과 여름이 다가올 것이다. 정원사에게 가을은 내년 봄과 여름을 준비하는 계절이다. 머릿속이 벌써 내년 정원을 채울 식물로 가득하다. 신품종을 찾기도 하고, 새로운 구근식물을 수집하기도 한다. 다양한 숙근초와 한해살이풀 씨를 구해 놓아야 내년 초봄을 대비할 수 있다. 며칠 후 추식구근(가을에 심어 다음 해 봄에 꽃을 보는 구근식물)을 비롯해 구매한 다양한 품종의 식물이 도착할 것이다.

내년에는 메리골드 대신 비덴스 '골든 아이'*Bidens ferulifolia* 'Golden Eye'를 파종해 키워 볼까 한다. 인디언천인국 '애리조나 선 Arizona Sun' 시리즈는 씨를 뿌려 발아시켰는데, 잘 자란다. 꽃범의꼬리는 대관령에서 잘 자라는 식물이다. 월동도 잘되는지라 꽃범의꼬리 앞에 서면 정원사는 함박웃음을 짓게 된다.

1. 인디언천인국과 천인국 종류(품종 미상). 2. 월동이 잘되는 꽃범의꼬리.

캄파눌라 *Campanula*

계절의 흐름을 거스르며 초여름 꽃인 캄파눌라가 아직도 정원 구석구석에 남아 있다. 캄파눌라도 여러 품종이 있었는데 정원의 효자였다. 딸랑딸랑 소리를 낼 것 같은 종 모양의 꽃을 피우는 식물이다. 유럽 캄파눌라도 꽤 여러 종 심었는데 워낙 겨울이 추운 지역이라 그런지 월동이 잘되지 않았다. 지중해 원산의 키 큰 캄파눌라에 욕심을 내는 정원사는 수집에 실패한다. 신은 원한다고 모두 주지 않는다. 추운 지역에서 잘 자라는 게 있고, 안 자라는 게 있다.

꽃에서 종소리가 날 것만 같은 캄파눌라. 하지만 어떤 품종은 월동이 어렵다.

니코티아나 Nicotiana

여러 니코티아나 품종의 꽃은 정원 가득 종소리가 울려 퍼지게 할 것 같게 생겼다. 역시 파종을 해 키워 보니 정원사의 눈에는 특이한 식물이다. '몹캅Mop-Cap'이라는 품종은 꽃이 독특하게 생겼는데, 판도라 행성에 살 것 같은 기이한 모습이다. 씨가 떨어져 없어야 할 자리에서 다시 나오면 정원사는 혼자 춤이라도 추고 싶다. 살바토레정원에서는 여러 품종의 니코티아나를 키우고 있다.

1. 니코티아나 루스티카 몹캅 N. Rustica 'Mop-cap'   2. 랑스도르프꽃담배 N. langsdorffii

마가목 *Sorbus commixta*

가을이 시작되면 온 동네는 장미과 나무 마가목이 붉은 열매로 존재감을 드러낸다. 높은 산의 능선에서 자라는 마가목의 열매와 수피는 한약재로 사용된다. 봄에 피는 흰 꽃도 환상적이지만, 가을에 붉은색 마가목 열매가 주렁주렁 매달려 있으면 천국 문 앞에 서 있는 기분이다. 봄에 긴 겨울을 난 겨울눈이 터지면서 꽃과 잎이 나고, 풍성하게 자랐다가 다시 가을이 되어 열매가 맺히고 잎이 떨어지는 마가목의 일생을 보고 있노라면 최고의 영화 한 편을 본 것 같다.

개버무리 *Clematis serratifolia*

개버무리가 여름이 지날 즈음에야 꽃대를 올려 지지대를 타고 올라간다. 귀촌 후 마을에서 이 꽃을 보았을 때 누군가 '꽃버무리'라 했다. 정원에서 키워 보니 수술이 매우 많고, 꽃대도 무수히 달린다. 나는 이 개버무리를 가을 정원의 사랑이라고 생각한다. 덩굴성 으아리속 식물이라 뭐든 잘 타고 올라간다.

클레마티스 종류인 개버무리.

디기탈리스 *Digitalis*

식물을 심고 가꾸다 보면 특이한 이름을 발견할 때가 많다. 영어 이름을 찾아보면 로맨틱한 이름도 있지만, 엉뚱한 이름이라 빵 터지는 이름도 있다. '폭스 글로브Fox Glove', 여우 장갑이라는 독특한 이름은 디기탈리스*Digitalis purpurea*의 영명이다. 오래전 영국 들판에 지천으로 피어난 이 폭스 글로브 사진을 보고 나의 정원에도 꼭 심고 싶었다. 이름도 여우 장갑이라니 얼마나 웃기고 신기한 이름인가? 대관령에서 파종했는데 초가을까지 꽃을 보여 주는 것을 보면서 신비하다고 생각했다.

'여우 장갑'으로 불리는 디기탈리스.

부들레야 *Buddleja davidii*

'서머 라일락'이라고도 부르는 부들레야는 나비와 벌의 무도장이다. 향이 얼마나 좋은지 곤충들이 몰려들어 이곳에서 춤을 춘다. 대관령은 워낙 추워 생각처럼 멋지게 자라는 관목은 아니지만 월동은 된다. 부들레야는 잎도 예쁘고 꽃은 말할 것도 없어 뛰어난 관상 가치를 지닌다. 영국 가든 투어를 갔을 때 본 부들레야는 어느 시골집 담벼락 높이를 훌쩍 뛰어넘는 크고 우아한 스타일을 자랑했다. 대관령이 조금 따뜻했다면 여러 품종을 들여와 키웠을 것 같다.

향도 좋고 꽃도 예쁜 부들레야.

나팔능소화 '마담 게일런' *Campsis × tagliabuana* 'Madame Galen'

오래전 따뜻한 붉은색의 능소화꽃을 좋아해 몇 주 구해 심었는데 월동이 힘들었다. 몇 해 실험을 해 본 후 내한성이 더 강한 나팔능소화를 알게 되었다. 정원의 나무 기둥을 타고 올라가게 정성 들여 심었는데 월동이 되었다! 꽃을 보고 감격의 기쁨을 맛보았다. "대관령에도 능소화가 된답니다!" 이렇게 소리치고 싶다. 이제는 자리를 잘 잡아 따뜻한 지방만큼은 아니어도 나의 아담한 정원 한편에서 예쁜 꽃을 피워 낸다.

능소화와 미국능소화의 교잡종인 나팔능소화 '마담 게일런'은 우리가 알고 있는 일반적인 중국 원산의 능소화보다 꽃이 작고, 꽃부리가 길다. 또 꽃이 붉은색이며 꽃받침은 연한 주황색이다.

4.

눈과
바람의 나라
대관령에서
산다는 것

미치광이 바람

바람,

바람,

또 바람이 왔어요

바람

바람

아, 어마한 바람

그래서 바람의 마을이군요

위대한 봄

천국 여름으로

가기 전

악마의 바람을 이겨 내야 합니다

우린 이 바람을

'미치광이 바람'이라 불러요

누가 대관령에 살면서 가장 혹독한 것이 무엇이냐고 묻는다면 눈이 아닌 바람이라고 답하겠다. 대관령은 '바람의 마을'이다. 여기도 저기도 '바람의 마을', 처음에는 그저 간판에서나 볼 수 있는 말이라고 생각했다. 하지만 진짜 이곳에서 경험한 바람은 장난이 아니었다. 바람을 안고 달래지 못하면 이곳에서 살 수 없다. 안면마비도 오게 한다는 이 지방 특유의 매몰차고 서러운 바람은 맞아 본 사람 아니고서는 모른다. 산골에 살면서 정원에서 일해 보니 바람은 산책하는 사람, 농부, 정원사, 귀촌한 사람, 작가, 농장 주인, 외국인 노동자, 뱃사람, 그 누구에게나 아주 중요한 '절친'이자 동료다.

언젠가 한 5일 정도 태풍급 바람이 밤낮으로 미친 듯이 분 적이 있다. 그것도 3월부터 5월까지 잊을 만하면 한 번씩. 그러니 정원의 식물이 무사하겠는가? 이곳에 부는 바람은 쏴쏴쏴, 우쏴쏴쏴 공격적으로 나의 감정 깊은 곳까지 건드린다. 복싱 선수가 잽, 스트레이트, 어퍼컷을 매몰차게 퍼붓듯이 말이다. 뒷산의 일본잎갈나무들은 이 바람에 장단을 맞추고 있다. 이 얼마나 고약한 시간인가? 바람이 찾아오기 전, 0단계 '고요'는 차분하다. 1단계 실바람, 2단계 남실바람, 다음 산들바람, 건들바람, 흔들바람, 된바람, 센바람, 큰바람, 큰센바람, 노대바람, 왕바람, 마지막 싹쓸바람이 대관령 온 천지를 지배한다. 밤새 목재 덱이 들썩일 정도로 나를 괴롭힌다. 오 신이시여, 정원은 무사하겠습니까? 태풍급 바람이여, 싹쓸바람이여, 모진 바람 앞에서 인간은 한없이 괴롭습니다.

봄의 정령을 품은 연한 새싹은 영하로 떨어지면 냉해를 입고, 순한 잎들은 이 무서운 바람에 타 버리기도 한다. 바람이 완전히 멈출 때까지 숨막히는 날들이 이어진다. 어느 날은 둔중하게 울리는 바람 소리에 잠을 이루지 못한다. 휘위윙, 휘위윙, 서어엉, 서어엉, 에에엥, 에에엥, 쇄쇄쇄,

쐐쐐쐐, 사아악, 사아악, 이 지방 특유의 요란한 소리를 내는 자개바람요란한 소리를 내며 빠르게 일어나는 바람이 나를 또 울린다. 무슨 동물 울음소리 비슷하게 천지에서 이상한 울부짖음이 불편하게 들린다. 나는 밤새 불안과 초조함으로 신경이 예민해지지만, 다음 날 바람은 언제 그랬냐는 듯이 또 평화를 가져다준다.

아마도 나에게 정원이 없었더라면 그 불안감은 덜했을 것이다. 바람이 불면 그동안 피땀 흘려 모으고 기른 식물들이 바람에 쓰러지지 않을까 하는 생각에 저리 뒹굴고, 이리 뒹굴고 아주 불안하기 짝이 없다. 남들이 부러워하는 정원사의 고민이 고작 이거였던가? '바람의 왕국'에서 겨울과 봄 사이에 매년 겪어야 하는 통과의례다.

바람이 지겹기는 하지만 잘 달래야 봄을 가져다준다. 북풍은 가난하게 차갑고, 동풍은 따뜻하게 차갑다. 남풍은 골짜기에 막혀 있으니 서럽게 차갑다. 대관령에서는 이러한 바람의 나날이 이어진다. 그러나 정원 일은 자연과 함께 동고동락하는 것이다. 이런 백두대간 산골에 산다는 것은 때로는 사막에서 집을 짓고 사는 것과 비슷하다고 느낄 때가 많다. 그만큼 돌발 상황이 많다. 가끔 날씨가 좋은 계절에 여행 오는 것과는 상당히 다르다. 정원사에게는 괴로운 일터. 그럼에도 불구하고 바람은 바람. 정원사의 마음은 아랑곳하지 않고 바람은 제 할 일을 한다.

연둣빛은 또 어떠한가? 3월 말, 4월 초가 되면 세상은 가장 아름다운 연둣빛으로 서서히 바뀌기 시작한다. 봄이 오면 모든 나뭇잎이 초록의 메달을 향해 앙증맞게 새순을 낸다. 화려한 빌딩이나 아파트가 없는 곳에서 매일 보는 나무와 풀의 새순은 보석만큼이나 눈부시게 아름답다. 에메랄드 원석이 이보다 예쁠까. 새순이 나올 때 자연의 위대함에 자주 반하게 되는데, 덕지덕지 붙은 연둣빛 순들이 마치 초록 나비 같다. 어제만 해도 없던 초록 별들이 오늘 보이고, 또 내일은 새로운 잎들이 나올 테니, 매일매일 가슴 뭉클한 날이다.

나에게 가장 아름다운 연둣빛은 역시 자작나무의 연둣빛이다. 사스래나무, 거제수나무, 물박달나무 같은 자작나무속 나무들 역시 세상에서 가장 아름다운, 수백여 가지 연둣빛을 경쟁하듯 선보인다. 비슷하게 생긴 잎들은 모두 특별난 색감에 윤기마저 줄줄 흐른다. 이 연둣빛 봄의 제전에 맞추어 떨어지는 태양 빛을 잎 아래에서 바라보면 너무나도 찬란하다.

잠에서 깨어난 나무들 사이로 돋아난 연둣빛은 봄에만 볼 수 있는 자연의 순간적인 '심술'이라 생각한다. 심술이라 이야기하는 이유는 그만큼 아주 잠시만 볼 수 있기 때문이다. 빛을 투영한 잎들은 각각의 고유한 색감을 뽐낸다. 하지만 이 평화로운 색감의 등장에 계절은 시샘하듯 강풍을 보내 준다. 누차 이야기한 '대관령판 특급 바람'이다. 굉장히 기분 나쁜 바람이 둔중하게 분다. "또 시작이군." 우리는 말한다. 그것도 또 며칠이나 계속되는 강풍. 다시 바람이 분다. 또 끝났다고 생각하는 순간, 다시 태풍급 바람이 분다. 또 바람, 또 바람. 그래, 이곳은 '바람의 마을'이다. 봄밤마다 한 1주일씩 산간 초목을 다 태워 버릴 기세로 강풍이 불어닥친다. 우리는 이때를 '계절 우울증도 두 손 드는 시간'이라고 표현한다. 그 무서운 바람을 맞거나 바람 소리를 들으면 정신이 번쩍 든다. 아, 이래서 북유럽 사람들이 날씨 변화 때문에 우울증을 겪나 보다, 말하기도 한다. 그럼에도 불구하고 이러한 악몽 같은 날씨 속에서 튤립이 피어난다. 극심한 일교차를 극복하고 굉장한, 판타스틱한 색감을 뽐내며, 날마다 감탄을 불러일으키는 꿈속의 꽃들이 핀다.

대관령은 USDA 식물 내한성 구역이 5a다. 최저점 온도가 영하 28.8도로 떨어지는 월동 한계선이다. 식물이 이런 온도를 견뎌야 월동이 되는 것이니 얼마나 추운 곳인가? 겨울이 시작되면 영하 25도까지 내려가는 북극의 매서운 날씨가 대관령에 찾아온다. 대관령의 겨울은 영하 15도에서 20도는 종종 기본으로 찾아오는, 극한의 날씨가 지배하는 계절이다.

1. 갑자기 찾아온 겨울은 모든 나뭇잎을 두 번째 꽃으로 만든다. 수확하다만 배추밭도 '예술'이 된다.   2. 성급하게 눈이 오면 숲은 겨울 왕국으로 들어갈 채비를 서두른다.

자연이 보여 주는 모든 것이 예술. 겨울에는 숲의 빈 공간과 하늘이 더 잘 보인다.

완벽한 날을 즐기기 위한
설국 산책

걷잡을 수 없이 추워지고 있다. 날씨가 지분지분하다. 갑자기 영하로 뚝 떨어지더니 눈이 온다. 매몰차게 급변하는 날씨 때문에 대관령이 가끔 무섭기도 하다. 정원은 이제 볼품없게 변했지만 그럼에도 불구하고 이곳 어딘가에서 식물들은 생명을 유지하고 있을 것이다. 이미 정원사는 한해살이풀, 두해살이풀, 여러해살이풀숙근초, 이런저런 관목을 모두 부지런하게 정리했다. 유럽 장미들은 거룩한 월동을 위해 '노아의 방주'인 하우스에 올라탔다. 바람이 간들간들 건듯건듯 불다가 이제는 미치광이로 변해 쏴쏴쏴 공격적으로 몰아친다. 허리케인급 싹쓸바람이다. 폐 속까지 할퀴는 이기적인 바람이 나의 마음을 휘젓는다.

오, 신이시여. 진부와 강릉은 가을인데 대관령만 '눈'을 주시네요. 새벽에 일어나니 눈이 한가득하다. 대관령을 사랑하는 수많은 이유가 있지만 결정적인 이유로 꼽는 것이 있다. 바로 '눈'이다. 대관령에는 10월 말부터 눈이 오는데, 눈 깜짝할 사이에 쌓이는 대관령 폭설은 다음 해 5월까지도 온다. 무시무시하다. 오로지 이 대관령면에만 눈이 올 때가 많다. 거짓말이 아니다. 대관령은 눈이다. 겨울이 올 때마다 가랑눈조금씩 잘게 내리는 눈, 가루눈가루 모양으로 내리는 눈, 길눈한 길이 될 만큼 많이 쌓인 눈, 다채로운 형태의 눈을 경험한다. 발등눈발등까지 빠질 정도로 비교적 많이 내린 눈이 오면 사진처럼 근사하게 눈이 덮인 모습은 아니다. 그래서 오히려 치우기는 힘들어도 폭설을 기다리기도 한다. 30센티미터 이상 쌓인 눈이 온 대지를 뒤덮고, 전나무, 일본잎갈나무, 독일가문비 등이 흰옷으로 갈아입으면 입을 다물

수 없을 정도로 멋진 풍광이 나타난다.

나는 이 잊을 수 없는 겨울의 시간을 '여우의 시간'이라 부른다. 눈 내리는 날 겨울 부츠를 신고 발이 푹푹 빠지는데도 일본잎갈나무 사이로 걷고 있으면 '아, 나는 살아 있구나'라고 느끼게 된다. 같이 걷고 있는 아내의 숨소리, 나를 유심히 바라보는 고라니의 커다란 눈. 설국 산책은 인간이 느낄 수 있는 유희의 미학 중 최고의 경지다.

고독한 기분에 휩싸여 꽁꽁 얼어붙어 윤슬이 사라진 호수 위를 걸었다. 나무의 곁가지들이 바람에 나울나울 흔들린다. 당신의 목덜미 같은 흰 눈은 저 멀리 소나무 군락지를 보일 듯 말 듯 아련하게 만든다. 잣나무와 소나무의 바늘잎이 늘어지도록 눈이 쌓였다. 대관령에서 오래 살았더니 잣나무와 소나무는 멀리서 봐도 한눈에 알아볼 수 있다. 걸어야만 보이는 것이 있다. 소소한 작은 것을 발견하는 즐거움이 걷기의 매력이다. 피침형 나무들은 멀리서 보면 처음에는 구분이 힘들다. 하지만 10여 년 동고동락하면 그 나무들의 특징이 눈에 들어온다. 각자가 지닌 고매한 성품을 바로 알 수 있다.

잣나무는 갓을 쓴 선비 같고, 칼날 같은 매서운 바람을 맞으면서도 수십 년 이상 존재감을 드러내고 있는 소나무는 붓으로 힘차게 그린 수묵화 같다. 눈이 많이 쌓인 잣나무와 소나무의 가지는 무게 때문에 자꾸 늘어진다. 잣나무에 눈이 더 쌓이고, 소나무에는 좀 덜 쌓이는 것 같다. 잣나무는 바늘잎이 다섯 장씩 모여서 달리지만, 소나무는 두 장씩 모여서 달려서인 것 같다. 잎이 조금 촘촘하게 뭉쳐 있는 나무에 아무래도 눈이 더 쌓일 테니까. 하지만 유심히 보지 않으면 소나무, 잣나무, 리기다소나무, 스트로브잣나무, 섬잣나무, 전나무, 구상나무, 분비나무, 독일가문비 같은 침엽수들은 알아보기가 그리 쉽지는 않다.

산길을 홀로 걷는 산책자는 고독하기는 하지만, 이 완벽한 날들을 혼자 오롯이 느낄 수 있다. 겨울 산에서 만나는 눈에서는 '흰' 냄새가 난다. '흰'이라는 말에는 '순수'가 들어 있다. 잿빛 하늘에서 쏟아져 대지를 덮는 눈은 보이는 모든 것을 장관으로 만든다. 화려한 색감을 자랑했던 수려한 잎들은 마법처럼 사라졌고 나무는 겨울잠을 청하러 자신만의 온유한 거처에 자리를 잡았다.

영하 10도 이상 내려가면 무릎 아래까지 올라오는 털장화를 신어도 발의 감각이 무뎌진다. 자주 걷는 길의 쓸쓸한 호수가 꽁꽁 얼어붙었다. 골짜기 호수에 설핏한 햇빛이 들 때 호수 위로 쌓인 흰 눈을 뽀드득 뽀드득 소리를 내며 밟고 걸으면 심연의 정취가 내 마음속까지 스민다. 숨을 크게 들이쉬고 내쉬어 본다. 볼이 찢어질 것 같은 기분을 느끼게 하는 차가운 바람과 공기가 내 코를 통해 순식간에 폐까지 전달된다. 주위를 둘러보면 사방에 사람 하나 없다. 내 발소리가, 헛기침 소리가 저 멀리 산을 방패 삼아 다시 나에게로 메아리쳐 돌아온다. 고요의 흔적이 나를 감싼다.

신발을 위아래로 털듯이 신경질적으로 얼음판에 내려쳤는데 저 멀리 무언가 밤색 덩어리가 버드나무와 중첩되어 함께 움직인다. 다시 보니 살짝 떨고 있는 고라니다. 이곳은 고라니 마을이라 할 정도로 고라니가 많다. 숲에서 관목과 수풀 사이로 소리와 함께 무언가 어두운 형상이 나타나면 영락없이 고라니다.

고라니가 놀란 듯이 나를 유심히 바라보며 도망갈까 말까, 나무 아래 기대어 서 있을까 말까 망설이고 있는 듯하다. 나도 움직이지 않고 고라니만 쳐다본다. 내가 왼발을 고라니 쪽으로 향하면 저 녀석은 바로 우사인 볼트처럼 튀어 나갈 것이다. 이미 눈으로 인간 존재를 읽은 고라니는 내 심리를 읽고 있다. 내가 자기 반대쪽으로 가면 버드나무에 기대어 계속 쉴 것이고, 자기 쪽으로 발을 디디면 바로 움직일 것이다. 고라니의 순간 움직임은 얼마나 잽싼지 화살처럼 단번에 질주한다.

그 놀라운 순발력, 치고 나가는 탄력, 터지는 로켓 같은 뒷다리의 힘, 순간 공포탄으로 변하는 매서운 눈동자가 모두 힘을 합해 나와 게임을 한다. 이미 여러 번 산에서 나의 가깝고도 먼 친구인 고라니와 이런 힘겨루기를 경험해 보았다. 나는 숨을 내쉬며 고라니 반대쪽으로 눈을 응시하며 저 멀리 있는 산언덕의 물푸레나무 군락지를 쳐다본다. 나는 고라니와 이렇게 작별한다.

사실 설국이 언제나 낭만적인 것은 아니다. 눈의 무서움은 치워 본 사람만이 안다. 겨울로 접어들면 이제 나를 기다리고 있는 것은 무서운 난방비와 꽃이 없는 세계다. 겨울은 어렵다. 산에서도 해가 바로 숨는다. 정원은 희고 희지만 한편으로는 암흑이 된다. 검은 응달이 구름 없는 하늘 아래 산 전체를 자주 휘감는다. 낮의 햇살은 밤이 되자 협곡 사이로 깊게 숨어 버린다. 산과 산이 아주 많이 포개진다. 내가 알고 있는 산이 이곳인가 할 정도로 수묵화 같다. 시시각각 구름이 유난히도 빨리 지나간다. 바람은 어느덧 내 볼을 때리고 아직 시간 여유가 있다는 듯 이곳에 머물러 있다. 차가운 기온이 붉어진 내 피부 위를 덮쳐 타는 듯한 느낌이 든다. 눈은 순식간에 앞이 안 보일 정도로 내린다. 커다란 눈 덩어리가 스키장 쪽에서 날아오르자 이장형네 감자밭은 순식간에 흰 스키장처럼 변했다. 눈을 의심할 정도로 순식간에 펼쳐진 장관이었다.

정말 어느 해에는 쉬지 않고 눈이 왔다. 피나무와 물푸레나무 사이로 눈이 오는 장면을 어느 화가가 그리기 시작했다면 포기했을지도 모른다. 눈이 너무 와 무릎과 허벅지까지 쑥쑥 빠진다. 이런 설국 산골생활에 적응하기 힘들다는 말도 많이 들리지만, 그래도 아직까지 우리에게는 이곳이 신비스러운 행성 같다. 이런 겨울을 견뎌 내야 초록 요정들이 찾아오는 대관령의 봄이 올 것이다. 겨울이 되면 마을 곳곳은 황태덕장, 대관령 눈꽃축제, 겨울축제, 송어축제, 바람마을 봅슬레이, 스키장, 각종 동계스포츠 대회, 국제 동계스포츠 이벤트 등 여러 가지 볼거리로 활기를 띤다. 이런 것도 추운 곳에서 하는 시골살이의 매력이다.

강원도 사투리로 눈 소식을 전하는 일이 즐겁다. 대관령에 온 이후 겨울에 자주 눈 소식을 알린다. "마갈산골은 춥드래." "다랍낭기다름나무를 일컫는 강원도 방언에 눈이 쌓였어." "귀찮아, 나새이냉이국 먹을래." "몰라 이 납족코납작코야." "야이, 눈 냉개깔래내리깔아." "다드미다다미 방에 가 화톳불에 당감재고구마 구워 먹자. 친구야!"

우리가 대관령의 폭설을 좋아하는 이유는 너무 많지만 이 북유럽과 비슷한 풍경, 그 어떤 곳과도 비교할 수 없는 아름다운 전나무숲에 눈이 쌓인 풍경을 먼저 꼽을 수밖에 없다. 이렇게 아름다운 겨울 정경은 늘 나를 청춘의 나라로 돌려보낸다.

대관령에서 산다는 것

눈과 바람의 나라

영하 20도까지 떨어지고 안면마비가 올 듯한 강풍이 분다. 눈보라가 굉장하다. 손님이 한 팀도 없으면 외롭기도 하지만 고독과 손잡기는 매우 좋다. 어느 해에는 1주일 내내 눈이 왔다. 2미터 정도는 쌓인 것 같다. 치워도 치워도 끝이 없었다. 이러한 날에는 베토벤 교향곡 9번을 자주 듣는다. 외롭지 않아 좋다. 아내는 언제나 혼자 책을 읽고, 나는 산골의 고립을 만끽한다.

1. 아내도 아이도 언제나 내 마음속에, 내 눈앞에 있다. 2. 영하 20도를 넘나드는 아침에 폭설이 왔다. 시베리안 허스키 '바바'와 새끼 '주앙'과 함께 산책하다 일본잎갈나무 군락지 아래서 바람을 맞으며 사진을 찍었다.

겨울이 없었다면
봄꽃이 예뻐 보였을까?

영국에 갔을 때 소박하면서도 화려한 색채를 뽐내는 영국 코티지 가든 스타일이 나의 정원과 맞는다고 생각했다. 사방으로 웅장한 백두대간이 둘러싸고 있으니, 선명한 색의 꽃이 출몰하는 정원이 필요하다고 생각했다. 타샤 할머니 역시 영국 코티지 가든에서 모티브를 가져와 정원을 가꾸었다. 타샤 할머니의 정원이 있는 미국 버몬트주 기후가 대관령과 비슷해 월동이 되는 식물이 비슷했다. 유럽 사람들은 19세기에 이르렀을 때 기하학적 패턴과 인위적 구성으로 가득한 정원이 아닌 시골 주택에 사는 사람이 가꾼 자연스럽고 소박한 정원의 매력에 빠져들기 시작했다. 귀촌한 후 유럽풍 정원으로 변화를 시도할 때 용기와 결단이 필요했다. 지금 생각해 보면 매우 잘한 결정이었다.

푸르싱싱한 계절은 꿈이었나, 긴 겨울이 시작되었다. 전 세계 식물의 꽃을 다 피워 낼 수 있을 것처럼 자신만만하고 이기적이었던 정원에 갑자기 무서리가 와 마음 준비를 시작했는데, 불과 며칠 후 강서리된서리가 찾아와 마음이 요동쳤다. 이제는 수북한 빙수 같은 눈 더미가 곳곳에 생겨난다. 겨울 정원의 정경은 추울수록 묘한 매력을 발산한다. 24절기 중 대한 무렵에 눈이 많이 오면 난감하다. 몸은 바들바들 떨리는데 치울 눈은 급속도로 쌓여만 간다. 심지어 겨울에는 새벽 온도가 영하 15도에서 20도 사이까지 자주 떨어진다.

구경도 잠시, 걸을 수 있도록 길을 빨리 내야 하지만 무조건 눈삽으로 치우는 일이 먼저는 아니다. 나는 항상 눈을 치우기 전 잠시 정원을 걷는다. 화분 사이로 수북이 쌓인 눈. 나는 이쯤에 무슨 꽃이 피어 있었는지 생각해 본다. 자줏빛 꽃을 피우는 플록스 군락이 있었던 곳에 잠시 서 있다가 꽃범의꼬리의 꽃이 피었던 정원 아래쪽 그네 있는 곳으로 발길을 돌린다. 다시 눈과 물을 싫어하는 패모가 피는 구역으로 발걸음을 옮겨 본다. 겨울 정원에서 혼자 걷는 일도 혼자서 즐기는 매우 소소한 축제 중 하나다. 심녹색 식물이 가득했던 계절, 나는 어린 왕자 같은 정원사였는데, 이렇게 설국으로 변해 버린 한겨울에는 생각에 잠긴 철학자가 되어 과거에 내가 만났던 꽃들을 그리워한다.

겨울 정원은 눈만 가득하다. 하지만 오묘한 매력이 있다. 이건 정원에서 일해 본 사람만이 아는 진실이다. 춥다. 바람도 굉장하다. 하지만 목재 덱이나 산책로의 눈을 쓸기 전 이렇게 바라보는 것만으로도 매우 기쁘다. 이렇게 춥고 긴 겨울을 지내 본 적이 있는 사람만이 아는 아름다운 정경이다. 이 지방의 눈은 향이 난다. 정말 다른 향이다.

일기예보에서 영하 8도가 예상된다고 했는데, 눈 오던 날 아침 온도계를 보니 영하 5도다. 같은 대관령이라도 대관령기상대와 이곳은 차로 10분 거리지만 기온 차이가 있다. 새벽녘 문을 닫고 나오자 차가운 바람이 내 뺨을 스친다. 코끝이 차갑다. 싸늘한 이곳의 바람이 내 미간을 때린다. 손을 주머니에 넣고 마당으로 향한다. 눈이 많이 쌓여 있기는 해도 오전이면 다 녹을 것 같다. 삐거덕거리는 나무 계단을 조심스럽게 한발씩 내려오다 보면 가까운 거리나 먼 거리에 있는 피라미드 모양의 앙상한 나무 사이로 봄이 되어 찾아온 수많은 새가 개인기를 뽐내고 있다. 돌아가면서 노래를 불러 준다. 때 묻지 않은 성악 리사이틀이다. 물론 인간이 내려오면 다 도망간다. 자기들만의 리사이틀에 초대받지도 않은 나 같은 사람이 새벽부터 찾아와 카메라를 들이대는 것을 좋아할 리가 없다. 그래도 자연은 늘 말없이 받아 준다.

하루하루 정말 손톱 만큼씩 눈에 보일 듯 말 듯 '초록이'들이 나오는데 확대경으로 보아야 보이는 수준이다. 늘 하는 이야기지만 그 조금씩 보일 듯 말 듯 나오는 모습을 바라보고 있으면 신비스럽다. 느티나무와 산사나무 사이로 오후 다섯 시면 정확히 새들이 찾아온다. 밤의 선생이 찾아올 수 있도록 다리를 놓아 주는 것 같다. 시계를 볼 필요도 없이 정확하다. 늦가을에는 수백 가지 식물의 꽃이 피어 있었어도 서리 한방이면 모든 꽃이 맥없이 스러지는데, 봄이 오는 길목에서는 영하로 떨어졌어도 이미 나온 싹은 끄떡없어 보인다. 겨울 영하 20도까지 견디고 이겨 낸 식물들이라 그런지 사뭇 느낌이 다르다. 며칠 전 나무 하나를 심으면서 그 자리에 있었던 토종 매발톱을 한 뿌리 캤는데 그 뿌리가 어마어마했다. 땅을 파자 진한 흙냄새와 함께 도라지 굵기만 한 뿌리가 드러났다. 옮겨 심기가 두려울 정도였다. 나는 그 식물의 역사를 고스란히 옮겨 보려고 흙을 잘 떠서 다른 곳으로 이사시키고 난 후 그 자리에 나무를 심었다.

대관령에서 식물을 키우면서 늘 생각하게 되는 한 가지가 있다. 정원을 가꾸는 사람이라면 누구나 꽃을 오래 보고 싶어 한다. 그래서 나는 늘 이 식물이 '월동할 수 있나?'를 생각한다. 매일 커피를 마시듯 반복하는 질문이다. 아무리 근사한 숙근초를 구입해 심었다 해도 대관령의 겨울 최저점 온도를 견디지 못하면 월동은 불가능하다. 그러니 씨를 구해 파종하고 발아를 시킨 후 키우는 과정을 거치기 전에 미리 USDA 식물 내한성 구역 정보를 미리 알아본다. 대관령은 내한성 등급이 5a 정도 되니 월동이 어려운 식물이 너무 많은 참 어려운 동네이기는 하다. 그럼에도 불구하고 이 작은 정원에서 많은 식물을 기르고 있다. 가끔 따뜻한 남부

지방에서 다양한 식물을 기르는 사람들이 부럽기도 했지만 대관령에서만 그 존재를 뽐내는 식물들이 분명 있기에 내 정원의 식물에 더욱 애착이 간다.

겨울이 없었다면 봄꽃이 예뻐 보였을까? 꽃이 예쁜 것은 말 없는 침묵 때문이라는 말도 있지만 그들과 함께 이 춥고 척박한 6개월의 겨울을 동고동락하며 아파했기 때문에 더 예뻐 보이는 것이 아닐까. 겨울 정원은 숨을 쉰다. 눈이 가득 쌓여 있어도 숨을 쉰다. 구근과 숙근초도 땅 아래에서 잠을 자며 숨을 쉬고 있다. 초겨울 심었던 구근들이 저온에서 잠을 자다가 3월부터 믿을 수 없는 모습으로 나올 것이다.

정원의 1구역은 바로 간판 아래다. 입구에 있는 바바의 집 옆 1구역과 주택 앞 작은 공간에도 눈이 수북하다. 어떤 해에는 눈이 내 허리 이상 높이로 오기도 했다. 그때 2박 3일 정도 눈만 왔던 기억이 난다. 아무리 치워도 눈이 바로 녹지 않으니 눈을 화단 쪽으로 쌓다 보면 한 2미터 정도의 높이까지 솟아올라 나를 내려다본다. 하지만 이렇게 눈이 많이 오면 좋은 점도 있다. 숙근초들이 깊은 잠을 잘 수 있기 때문이다. 대관령의 폭설은 숙근초들에게 매서운 추위를 이겨 낼 수 있도록 이불 같은 역할을 해 준다.

대관령에서 사는 것의
즐거움

우리는 청정고원 대관령에서 매일 땅을 밟으며 걷고, 깊은 생각에 빠지고, 산나물을 캐기도 하고, 자연주의 식사를 하고, 대관령 지역에서 수확한 딸기와 사과로 잼을 만들어 살바토레 블렌딩 커피, 대관령 감자로 만든 수프 등과 함께 투숙객들에게 정성스럽게 차린 조식을 제공하고, 주민들과 식물이나 텃밭 채소, 식사도 함께 나누고, 마을 분들이 주신 고랭지 배추로 김장도 담그고, 대관령 무, 양파, 명이나물, 깻잎으로 장아찌도 담그고, 마을 행사에도 참여하며 지내고 있다.
대관령에 살면서 우리는 아래의 것들을 실천하기 위해 노력하기로 했다. 이름하여 대관령 산골생활 10계.

하나, 매일 한 시간 이상 걷기.
둘, 매일 손에 흙을 묻히며, 자연에서 직접 거둔 재료를 활용해 요리하고 먹고 나누기.
셋, 민박집 방문객에게 모카포트로 끓인 살바토레 블렌딩 커피와 정성스레 차린 조식 대접하기.
넷, 새로운 유럽 식물의 씨를 뿌리고 키워 방문객들에게 알리기.
다섯, 대관령 딸기와 사과로 잼 만들기.
여섯, 지하수를 사용하고 마을 일 거들기.
일곱, 마을 어르신들과 자주 식사하기.
여덟, 어떤 일이 있어도 최선을 다하고 차분함 유지하기.

아홉, 밥 먹고 커피 마시는 일은 될 수 있는 한 집에서 하기. 번잡한 만남 피하기.

열, 삶과 죽음에 대해 늘 생각하기.

1. 대관령 들판은 문만 열면 보이는 나의 너른 정원이다. 나는 세금 한 푼 안 내고 엄청난 규모의 정원을 즐기고 있다고 생각한다. 나는 이곳을 어느 계절이 와도 매일매일 애인과 팔짱 끼고 산책하는 것처럼 걷는다. 이제 더 추워지면 씨르륵 씨르륵 우는 풀벌레의 소리는 들을 수 없겠지만 차분한 느낌의 텅 빈 들판의 여백은 언제나 다정하게 나에게 다가온다. 텅 빈 들판조차도 이곳에 사는 즐거움이며, 이런 곳에서 매일 걸을 수 있다는 것은 신의 축복이다.
2. 이상하게 대관령에서는 새벽에 눈이 떠진다. 내가 아름다운 곳에 살고 있다는 증거 아니겠는가? 오늘도 대관령 특유의 안개가 날 부른다. 갑자기 내 눈앞에 나타났다가 사라진다. 동서남북 어느 방향으로 가도 즐거운 이 유배의 장소는 나를 방랑자로 만든다. 나는 밖에서 만나는 나만의 천상의 정원을 '신들의 영역'이라 종종 부른다. 매일 나만 아는 수많은 길 중 하나를 선택해 걷고 있으면 나는 신들의 영역에 초대된 산책자가 된다. 인적이 하나도 없는 길은 나를 피로하게 만들지 않는다. 그리고 늦은 새벽에 잠이 들었어도 이곳에 가면 피곤하지 않다.

대관령 한우와 돼지고기를 텃밭에서 키운 신선한 채소로 만든 샐러드, 그 채소로 만든 장아찌와 함께 먹으면 정말 최고다. 대관령에서 난 신선한 채소와 과일로 채우는 밥상은 언제나 힘이 된다.

1. 채소 대부분을 자급자족하는데 올해는 뒷집 이장형이 배추, 감자, 양파를 주셨다. 아랫집 할머니는 돌산갓과 초롱무를 주셨고, 대각선 방향에 사는 할머니는 강릉 감과 여러 가지 채소를 주셨다. 더 영하로 떨어지기 전에 김장을 했다. 저 멀리 숲에서 하얗고 매끈한 팔다리를 자랑하는 자작나무의 연한 미색 잎들이 바람과 빛에 출렁이고 있다. 올해 담근 김치는 겨울에 방문하는 사람들과 나누어 먹어야겠다.   2. 아내는 늘 "집 문만 열면 바로 마트지!" 말한다. 냉이, 쑥, 민들레로 전도 해먹고 샐러드도 만든다. 부지런하기만 하면 산골은 자연에서 거둔 재료로 행복한 식사를 할 수 있다. 두릅, 취나물, 산마늘, 고사리 등 자연의 재료를 밥상에 올릴 생각을 하니 절로 행복해진다.   3. 마을 산책을 하다 보면 '산골스러운' 풍경과 자주 마주한다. 아주 거친 고갯길도 있지만 옥무지개 같은 평탄한 길도 있다. 마을 오래된 할아버지네 집에 사는 송아지 한 마리가 질겅질겅 밥을 먹고 있다. 할아버지에서 커피 한잔 얻어먹으며 시간 여행자가 되어 보기도 한다. 집집마다 사는 식물이 다르고, 뜰의 디자인도 모두 다르다. 좋아하는 음식, 잘하는 음식도 다르고, 내주는 커피 맛도 다르다. 가끔 감자전이나 옹심이도 얻어먹는데, 이 역시 집마다 맛이 다르다.

1. 살바토레의 오랜 전통인 조식 서비스. 이곳을 찾는 사람들에게 갓 내린 향긋한 블렌딩 모카포트 커피와 정성스럽게 끓인 스프, 빵을 제공한다. 살바토레에서만 먹을 수 있는 스페셜 커피는 물론 대관령에서 생산된 딸기와 사과 등을 이용해 조식 서비스에 함께 나갈 나갈 잼도 손수 만든다. 대관령 산골에 사는 즐거움이자 우리의 행복. 2. 일교차가 크고 다른 곳보다 추운 대관령에서 바람을 맞고 자란 사과는 정말 맛있다. 풍미가 깊고 맛이 진하다. 감홍과 홍로라는 품종이 많이 나오는데, 다디달다. 사과를 아침 조식에 함께 제공하면 손님들도 무척 좋아한다. 흔한 사과지만 여기서 맛보는 제철 사과가 주는 행복은 살아 있다는 기쁨을 느끼게 한다. 3. 자, 아담한 정원이지만 주인장이 호기심 많은 사람이라 전 세계에서 씨가 옵니다. 혼자 몽상가처럼 중얼거린다. 매년 가을과 겨울은 영국, 네덜란드, 프랑스, 일본에서 뉴 페이스 씨와 구근을 조금이라도 구한다. 작은 오페라 무대 같은 정원에 다양한 식물을 심고 열심히 가꾸는 이유는 이곳을 찾는 방문객과 투숙객에게 살바토레정원만의 특별한 꽃을 보여 주고 싶은 마음 때문이다. 정원은 나에게 예술 작품을 선보이는 나만의 무대!

가끔 나는 대관령의 수호신이 된다. 마을 친구들과 대관령 기마대를 이끌며 말을 타고 있다. 우리는 종종 유혹을 참지 못하고 백두대간 들판을 달리면서 황홀한 기분으로 대자연이 준 선물을 만끽한다. 여름에는 자연의 일부가 된 듯 푸른 초원을 달릴 수 있고, 겨울에는 설국의 무대를 누비며 아름다운 설경과 시베리아 벌판 같은 대관령에서 중세 시대로 돌아간듯한 비현실적 소리를 들을 수 있다. 이곳을 방문하는 사람들에게도 말 타는 법을 알려 주고 함께 타기도 한다.

5. 사람과 사람이 이어지는 정원

위로와 치유의 정원으로 찾아오는 사람들

인류에게 재앙을 내린 코로나19 시대에도 정원은 그대로였다. 물론 방문객이 코로나19 전보다 많지는 않았다. 코로나19 때문에 인간의 일상은 위축되었지만, 정원은 영향을 받지 않았다. 매일 나와 아내는 늘 하던 정원 일을 멈추지 않았고, 해를 거듭할수록 초봄에 피어나는 정원의 꽃들은 질서정연함과 성숙함을 인간 세계에 보여 주었다. 코로나19를 비웃기라도 하듯 튤립은 하늘을 날았고, 수선화는 청순한 미를 더 뽐냈으며, 히아신스는 고독한 우아함을 드러냈고, 설강화는 새색시처럼 곱고 또 고왔다. 정원사는 정말 많은 불안과 공포를 이겨 내며 정원 안에서 소리쳤다. 이런 상황에서도 사계절 식물을 좋아하는 방문객들은 정원에서 피어난 꽃에서 위로와 치유를 받았다.

어떤 분들은 매달 살바토레에 숙박하며 정원을 구경하러 오기도 했다. 우린 둘러앉아서 손을 잡고 꽃을 감상했다. 손과 손에서 뜨거운 열기와 사랑이 느껴졌다. 전쟁과 바이러스의 공포 속에서도 정원 안에서는 모두 소년·소녀였다. 어느 분의 꽃같이 해맑은 웃음을 결코 잊을 수 없다. 어느 해에는 정원을 좋아하는 사람들과 모여 각자의 정원을 보여 주는 시간을 갖기도 했다. 나는 숙박객들에게 기초적인 가드닝 노하우를 전하기도 했다.

이제 식물 키우기에 입문한 분, 식물의 다양한 품종이 무엇인지도 모르고 말 그대로 '꽃'이라는 단어만 알고 온 분, 은퇴 후 전원주택 건축을 계획하고 있는 분, 살바토레정원이 궁금해서 찾아온 분, 초화류나 희귀한 꽃에 관심이 있는 분, 이 추운 대관령에서 식물이 어느 정도 자랄 수 있나 궁금해서 온 분, 이미 식물 관련 해박한 지식을 가지고 있는 분, 또 이미 정원을 소유하고 있는 분, 정원 안에 있는 '바흐의 숲'이라는 서재와 음악감상실이 자기 감성에 맞는다고 단골손님이 된 분, 그냥 숙박하러 왔다가 식물의 세계에 입문한 분, 오로지 클래식을 좋아해 탄노이 스피커로 음악을 들으러 왔다가 정원을 본 분, 살바토레 북스테이와 가드닝 클래스에 참여하기 위해 온 손님 등, 정말 다양한 손님이 전 세계에서 살바토레에 찾아왔다. 이것이 정원, 식물, 클래식, 책이 내 인생에게 준 선물이자 기쁨이었다. 다양한 문화가 주는 즐거움은 절대 하루아침에 이루어지지 않는다. 10여 년이 넘는 세월 동안 이곳으로 사람들이 찾아왔고, 나의 정원과 식물 감수성은 더욱 풍요로워졌다.

"어떤 책을 읽어도 정원에서는 아주 드라마틱하게 읽혀요." 정원에서 책을 읽으면 행복하다. 산골에서 살다 보니 민박집 손님이 없으면 오롯이 사유의 시간에 빠져든다. 사실 대관령에서 가장 책 읽기 좋은 곳은 200여 그루의 서양측백에 둘러싸여 있는 요새 같은 정원과 잣나무 군락이 자리한 깊은 산속이다. 때로는 불어오는 산들바람 때문에 잠이 들기도 하지만 이곳에서 책을 펴면 시간 가는 줄 모르고 문장에 몰입한다. 아룬다티 로이의 《작은 것들의 신》, 생텍쥐페리의 《인간의 대지》, 모옌의 《붉은 수수밭》, 서머싯 몸의 《인생의 베일》, 김정환의 《내 영혼의 음악》, 가와바타 야스나리의 《설국》. 일일이 열거하기 어렵지만 모두 나의 정원에서 사랑하는 사람과 데이트하듯 읽은 책이다. 모두 작가의 영혼을 훔쳐 오고 싶을 정도로 좋았다. "정원과 책이 있으면 다 가진 것이다." 키케로의 말을 나는 매일 이곳에서 실감하고 있다.

1. 미셸 투르니에의 말을 인용하지 않아도 뒷모습, 특히 책을 읽거나 생각하고 있는 인간의 뒷모습에는 진실성이 있다. 그래서 나는 뒷모습을 좋아한다. 손님들의 뒷모습을 자주 사진에 담곤 한다. 그들의 고귀한 영혼을 만나는 기분이 들기 때문이다.   2. 어렸을 때부터 레코드 가게를 자주 다녔다. 어디를 가도 레코드 가게, 동네 서점, 꽃집, 승마장은 나의 단골 도피처이자 내 놀이터였다. 나는 용돈을 모아 내가 좋아하는 취미를 대관령을 찾는 손님들과 함께하려고 노력하고 있다. 이곳에서는 볼륨을 크게 올려도 눈치를 보지 않아도 된다. 바닥에서 천장까지 3미터가 넘게 설계하는 등 최적의 소리가 들릴 수 있도록 신경을 썼다. 주로 베토벤, 모차르트, 차이코스프스키 등 내가 좋아하는 클래식을 손님들에게 들려준다. 귀로는 천상의 선율을 듣고, 눈으로는 창밖 정원의 꽃을 담는다.

1. 음악을 좋아하는 점잖은 고객이 오면 즐겁다. 방문객들과 시간이 날 때마다 클래식을 함께 듣고 이야기한다. 작곡가별로 듣기도 하고, 작품 순으로 듣기도 하다가, 연주자의 연주 속도나 특성을 비교하기도 한다. 음악은 국경을 초월한다. 나이를 잊게 한다. 그 어떤 사람도 대화할 수 있게 해 주는 우정의 사신이다. 2. "집에 꽃과 음악, 책이 넘치게 하라." 키케로의 말은 매일 껴안고 사는 문장이다. 이 시간의 공기, 초점, 소리, 고요, 침잠, 평화, 독서, 사랑, 마음, 영혼이 좋다. 정원에서 누리는 이 사유의 시간이 좋다.

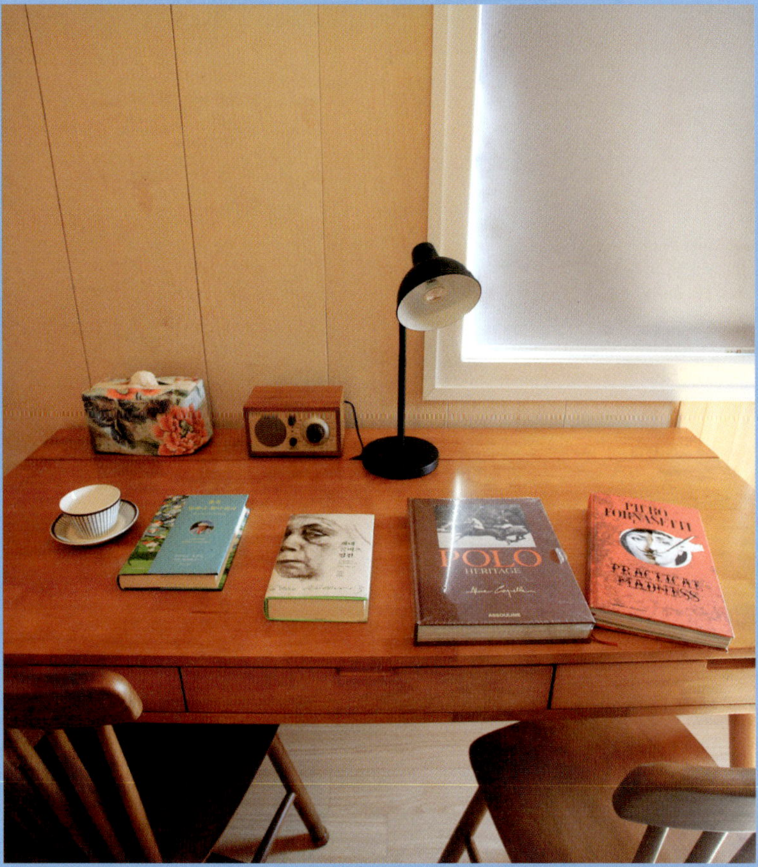
POLO
HERITAGE
PIERO
FORNASETTI
PRACTICAL
MADNESS

FREE DRINK
MOVIE NIGHT
바흐의 숲

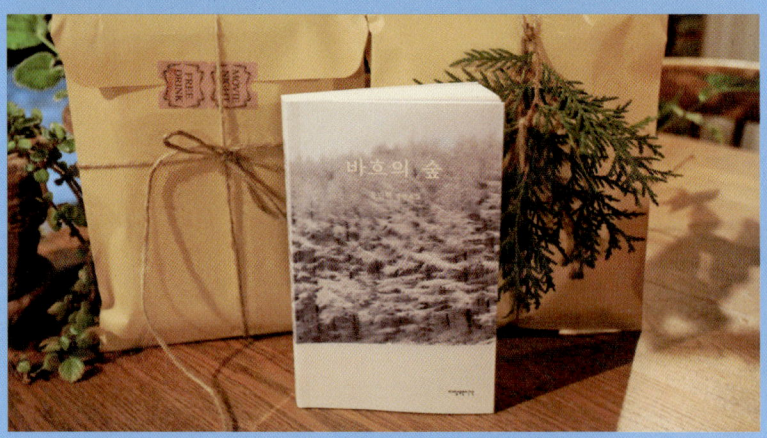

고요한 공기와 차분한 활자가 만날 수 있도록 북스테이나 북토크도 진행하곤 한다. 어느 작가를 초대해 방문객들에게 감동과 사색의 시간을 갖게 해 줄까 늘 고민한다. 사진은 나의 젊은 시절 내 청춘의 우상인 장석주 선생님, 부인 박연준 시인과 함께했던 북토크(맨 아래). 정원에서 장석주 선생님의 산문 《마흔의 서재》, 《느림과 비움의 미학》, 《단순한 것이 아름답다》를 읽을 때마다 감동 받는다. 피아니스트 발터 기제킹이 연주한 멘델스존의 '무언가Liedohne Worte'는 이 책과 최고의 조합이다.

정원은
만남이다

이제는 자주 이곳을 찾아오는 손님들이 생겼다. 어떤 손님은 커플로 왔다가 결혼한 후에 다시 오기도 하고, 아이를 낳고 아이와 함께 방문하기도 하며, 다시 부모님을 모시고 오는 분도 있다. 하지만 머물던 손님이 돌아갈 때는 상실의 기분을 느끼기도 한다. 우리 인생은 만남과 헤어짐의 연속이다. 살바토레를 다시 찾아 주는 분들과 친구처럼 삶의 동반자로 함께 세월을 먹으며 지낸다.

이곳을 찾는 이들과 나누는 식물 대담은 정말 즐겁다. 데이비드 오스틴 장미를 너무나 사랑하는 K가 찾아와 잠시 서로 키우는 식물에 관해 이야기를 나누었다. 식물에 관한 이야기라면 이들과 밤을 새울 수도 있다. 언젠가는 무척 좋아하는 호스타 '빅 대디Big Daddy' 이야기로 꽃을 피운 적이 있다. '빅 대디'는 초대형 호스타 품종인데 잎의 형상만으로도 우리를 매혹시켰다. 프랑스 파리 식물원에 갔을 때 다양한 품종의 호스타를 볼 수 있었는데, 정말이지 너무나 아름다웠다. 나는 친구들에게 내 정원의 호스타를 자주 자랑하기도 했다. 호스타의 잎에 반하면 약도 없다는 말도 있지 않은가.

대관령 살바토레는 날마다 축제다. 정원에서 일하다가 새로운 방문객이 오면 사진을 찍어 드리기도 하고 투숙객을 대상으로 가드닝 클래스도 열곤 한다. 이곳은 주로 평일에 오는 여성 손님들이 많다. 나와 아내와 취미가 맞는 분들이다. 가족 같은 손님과 책과 정원, 식물과 음악에 관한 이야기를 하는 것이 우리의 가장 큰 행복이다. 그들과 정원에서 꽃 향을 음미하며 차를 마시고, 책을 읽고 나무에 관해 이야기한다. 투숙객들에게만 정원을 오픈하다 보니 시끄럽거나 난장판이 되지는 않는다. 오래된 가족 같은 분들이 많아져서 그들과 함께 이 작은 공간을 만들고 오랜 시간 유지할 수 있었다. 그들은 무서운 감시자이자 혹독한 팬이다. 이들을 생각하면 사소한 일도 게을리 할 수 없다.

물론 방문자들에게 언제나 좋은 소리만 듣는 것은 아니다. "이 꽃은 그냥 씨 뿌리면 피는 흔한 꽃 아닌가요?" "꽃이 별로 없네요." "구경만 원해요." "조금 더 넓히는 것이 어때요?" 사실 이렇게 말하는 분들은 대개 식물을 잘 모른다. 직접 마당에서 식물을 키워 본 분들은 이런 말을 쉽게 꺼내지 못한다. 식물 키우는 일이 생각보다 어렵고 힘든 일이라는 사실을 아니까. 하지만 이곳에 오는 사람 대부분은 정원사의 노력에 박수를 보내며 용기를 북돋워 주신다. 내가 선택해 틀어 드린 음악을 들으며 와인을 마시다가 눈물을 흘리는 분도 있었다. 나는 그런 사람들의 모습에 여러 차례 감동했고, 종종 그 눈물의 의미에 공감하곤 했다.

마당에서 일하는데 투숙객이 오면 살바토레 블렌딩 웰컴 커피를 내려 드린다. 이 일을 꽤 오래 했다. 모카포트에 끓이면 더욱 맛이 좋다. 대관령은 느림의 미학이 펼쳐지는 곳이다. 이렇게 손수 커피를 내려 앤티크 찻잔에 담으며 만족을 느낀다. 늘 손님이 오기 전에 오늘은 어떤 잔에 차를 담을까 즐거운 고민에 빠진다.

새벽 다섯 시면 일어나 매일 조식 서비스를 준비한다. 살바토레의 전통이자 역사다. 손님들이 힘들지 않냐고 묻곤 하지만, 우리에게 그 시간은 매우 특별하다. 아이가 어릴 때 우리 아이와 비슷한 또래의 아이들이 방문하면 아이는 금세 방문객의 아이와 친해져 우리 가족이 먹는 식탁에

숟가락 하나 더 얹어서 같이 밥을 먹기도 했다. 정이 들면 아이들을 데리고 양떼목장, 삼양목장, 하늘목장, 말 목장 등을 데리고 다니기도 했다. 오랜 단골들은 나의 '베프'이자 동반자가 되었다.

내 집에 온 손님을 위해 스프를 끓이는 일은 그래서 특별하다. 갓 구운 베이글, 대관령에서 키운 감자로 만든 감자스프, 대관령 딸기로 만든 수제 딸기잼, 대관령 청정고원 사과로 만든 사과잼, 버터, 대관령 달걀로 만든 프라이, 그리고 가끔은 대관령 청정 우유도 살바토레 블렌딩 커피와 함께 낸다. 투숙객들은 이 조식 서비스를 아주 좋아한다. 내 집을 찾은 사람들에게 정성 들여 커피를 내리고, 신중하게 클래식을 선곡해 질 좋은 스피커로 들려 드리고, 정원에서는 다른 집에서 보기 힘든 식물을 선별해 키우며, 우리가 읽은 책을 손님들과 함께 읽거나 시를 낭송하는 일. 이 소중한 일상이 우리가 이곳에 오래 살 수 있게 해 주는 힘이다. 바로 우리가 꿈꾸던 자유가 있는 삶, 여행 같은 삶, 저녁이 있는 삶이다.

정원 일을 마치고 편지를 쓰는 일을 즐긴다. 편지는 이곳에서 생긴 우정에 관한 나의 화답이다. 편집장으로 일하는 친구 마망이 편지와 책을 보내 주었다. 일필휘지—筆揮之로 써 내려간 듯한 서간에 우정과 사랑이, 회고와 감동이 넘친다. 언젠가 읽은 상드의 편지가 생각났다. 감곡 복숭아, 충주 복숭아, 매해 복숭아를 넘치게 보내 주는 다정한 친구들의 우애도 '우정' 하면 빼놓을 수 없다. 정원에서 책을 읽다가 나는 종종 생각나는 친구들에게 편지를 쓴다.

"그래요. 친구. 산다는 것은 굉장한 고통이자 아름다운 일이죠. 시신경의 떨림, 고요히 찾아오는 불안함, 나이를 기억나게 하는 우울, 나만 아는 몸의 변화, 사랑과 권태, 알 수 없는 답답함, 오해와 편견, 언제든 경험할 수 있는 중상모략. 인간이라는 존재는 이런 것이 세월 속에 찾아옴에도 불구하고 같은 방향을 바라보며 살아가는 '우리'가 있어서 삶 속에서 '우아한 기술'을 발휘할 수 있습니다. 당신을 알고 있다는 것, 우리의 우정과 사랑은 아이러니와 역경으로 가득한 삶을 견디게 합니다. 당신은 언제나 나의 친구입니다."

"혜성아, 이곳은 벌써 새벽에는 16도, 오후에도 20도 후반까지 떨어져. 몇 킬로미터 산길을 걷다가 토종 산자두나무 아래에서 열매 줍기를 했어. 아내와 혼자 오신 분과 식사를 하고 장 이브 티보데Jean-Yves Thibaudet와 아그네스 발챠Agnes Baltsa의 연주와 목소리를 듣고 프렐류드와 토스카를 듣는다. 너와 '구름 위의 산책'을 하면서 걷던 길에서 신감채산형과 여러해살이풀, 모시대초롱꽃과 여러해살이풀, 마타리를 보았지. 소나무를 보니 《삼국지》에 나오는 '읍참마속泣斬馬謖'이라는 슬픈 이야기가 생각난다. 제갈량이 눈물을 흘리며 친구이자 참모인 마속의 목을 베었던 이야기지. 꿈에 초가을이 찾아왔고, 운해는 매일 새벽안개를 가장해 찾아와. 하늘 위로 떠가는 구름뿐이라도 살아 존재하는 한 기쁘다 했던 헤세의 암시와 손짓도 생각나는구나."

이곳에 여러 번 온 친구들과 대관령을 여행하고 많은 이야기를 나누는 일은 해마다 계속되고 있다. 벌써 정원은 이기적인 찬바람이 분다. 아마 곧 보일러를 틀어야 할 것이다. 겨울을 나기 전 늘 기름 값을 계산한다. 이곳은 10월부터 4월 초까지 겨울이다. 사실 한여름인 7~8월을 제외하면 1년 내내 보일러를 틀어야 한다. 7~8월에도 어떤 방문객은 "제발 보일러 좀 틀어 달라"고 요청하기도 한다. 난방비 걱정을 하지 않을 수 없는 곳이다. 연탄·화목·전기·가스 보일러 모두 비용이 만만치 않다. 심야 전기 비용도 제법 올랐다. 대관령은 그런 곳이다. 그래서 도시의 도시가스가 늘 부러움 아닌 부러움의 대상이다.

하지만 대관령은 잘만 적응하면 권태와 질림이 없는 곳이다. 방문객들과 그윽한 향기의 홍차나 녹차도 마시고, 우리가 사랑하는 정선, 영월, 평창, 미탄, 대관령이 품고 키운 옥수수도 먹고, 들판을 소개하고 걸을 수 있는 안식처다. 이 모든 것들이 내가 좋아하는, 아내가 좋아하는, 또 이곳에 오는 손님들이 좋아하는 것이다.

살바토레에는 늘 다시 이곳을 찾는 감성이 비슷한 손님이 많다. 손님들은 정원에 피어난 꽃을 보며 다들 소녀가 된다. 뜨개질을 하면서 좋아하는 작가 이야기도 하고, 숲 산책 경험담을 나누기도 한다. 그림을 그리기도 하고, 허브티를 마시며 지저귀는 새들의 노랫소리에 귀를 기울이기도 한다. 함께 건강한 시골밥상을 즐기며 수다를 떤다. 또 가드닝 클래스에 참여하기도 한다. 소년·소녀가 된 그들의 웃음소리가 끊이지 않는다. 나이는 숫자에 불과하다.

사람과 사람이

이어지는 정원

1. 우리는 언제나 숲과 정원에서 많은 이야기를 나눈다. 도시락을 싸서 전나무숲에 들어가 숲 체험을 하고 야생화와 인사를 나눈다. 정원에서도 언제나 풀과 나무 이야기가 끊이지 않는다. 2. "외국 도감에서 보았던 희귀한 꽃이 여기 있네요. 5월부터 8월까지 꽃이 피는 식물이 여기 한꺼번에 피어 있는 신기한 정원이군요." 오래된 작은 정원에서 피어난 수많은 꽃을 보고 있으면 애틋하다. 백합 향이 관자놀이에 시를 보낸다. 정원에서 보는 꽃은 고된 노동의 산물이기도 하다. 다알리아를 보면 미야모토 테루의 소설 《금수》가 생각난다. 나에게는 최고의 서간체 소설 중 하나다. 싸우는 듯, 잊지 못하는 듯, 둘의 밀고 당기는 진심과 모차르트 음악이 쓸쓸한 하늘에 수를 놓는다. 소설가가 해놓은 다알리아 공원에 관한 묘사는 정말 환상적이다. 3. 대관령에서 재배한 딸기는 이곳의 물, 공기, 바람을 닮았다. 농장에 가면 딸기 향이 진동한다. 새초롬하게 농익은, 시집 온 새색시 같은 딸기의 향. 대관령 이웃 농장에서 키운 딸기를 가득 얻어 왔다. 집에서 아내와 딸기잼을 만들어 손님 조식 상에 내는데, 다들 너무 좋아한다. 유럽에 갔을 때 그 지역에서 생산된 과일로 만드는 잼을 보고 좋은 인상을 받은 적이 있다. 향도 좋고 색도 고왔다. 그래서 우리도 우리 지역에서 나오는 과일로 향 좋은 잼을 만들어 손님 대접을 하고 있다. 4. 대관령에서 수확한 감자와 옥수수도 손님들과 나누어 먹는다. 감자와 옥수수는 정원에서 땀 흘리고 난 후 먹는 최고의 음식 중 하나다. 나는 정말 대관령 옥수수를 좋아한다. 일을 마치고 아내와 함께 저녁 석양을 바라보며 먹는 대관령의 양식이 우리의 영혼을 살찌운다.

정원에서 일하려면 아주 긴 사다리가 필요하다. 10년이 넘은 왕자두나무와 우리는 늘 어깨동무하는 사이다. 커다란 자두가 풍성하게 열리면 따서 손님들과 나눈다. 특히 아이들이 좋아한다. 왕자두나무 근처 여기저기서 킥킥대는 아이들이 행복한 웃음소리가 좋다. 왕자두나무는 귀촌 초기에 심었는데 10년이 된 후 열매가 열렸다. 한여름에 유독 큰 열매가 달려 정원의 '왕자두나무'라 부르고 있다.

자연을 닮은 사람,
아내 '카키 앵무새'

나는 아내를 '카키 앵무새', '엘레나', 그리고 '독일군'이라 부른다. 아내는 늘 나에게 니어링 부부처럼 살자고 말한다. 카키 앵무새라는 별명은 이렇게 탄생했다. 일단 아내는 카키색을 좋아한다. 연애할 때부터 카키색을 좋아했다. 카키색 모자, 카키색 카디건, 카키색 티셔츠, 카키색 블라우스, 카키색 점퍼, 카키색 코트, 하지만 카키색 치마만은 입지 않았다. 앵무새가 붙은 건 신혼 때부터 지금까지 아침마다 내게 똑같은 이야기를 하기 때문이다. 눈이 매우 커 앵무새가 아니라 겁 많은 부엉이가 연상될 때도 있다. 엘레나는 영화 〈시네마천국〉의 여주인공 이름이다. 독일군이라는 별명은 그녀의 정신력이 독일군을 닮았기 때문이다. 이 추운 대관령에서, 폭설이 온 후 영하 20도로 기온이 내려갈 때도 반팔 차림으로 눈을 치우는 그 부지런함과 건강미를 보고 독일 여자 같다고 느껴 그런 닉네임으로 부른다. 워낙 부지런해 로봇처럼 모든 것을 깔끔하게 정리한다. 나는 그녀를 가위손이라고도 부른다(하나가 더 있는데 너무 팔불출(?) 같아서 참기로 한다).

아내는 산악형 인간이다. 나보다 대관령을 더 좋아한다. 이틀이 멀다 하고 산과 들을 누빈다. 내가 볼 때 분명 힘들 텐데, 몇 시간씩 산을 탄다. 그것도 나의 엄마와. 그렇게 둘이 즐기니 누가 보면 아내의 엄마로 볼 것이다. 둘은 사이가 좋다. 둘은 6월 한 달은 산에서 산다. 이장형네 뒷산에 각종 자연산 약초들이 많은데, 겁도 없이 자주 들어가 여러 가지 필요한 재료를 구해 온다. 아내의 취미는 자연에서 얻은 것으로 요리하는 것이다. 하루도 빠짐없이 음식을 예술로 승화시킨다. 마법의 손이다. 자연에서 온 재료를 가지고 만드니 늘 신선하고 굉장한 맛의 음식이 된다. 부지런하고 늘 한결같은 마음을 가진 그녀, 나의 아내는 일급 정원사이자 세상에서 하나뿐인 셰프다. 새로운 별을 발견하는 것보다 더 행복한 일은 바로 맛있는 음식을 사랑하는 사람과 함께 나누는 것이다. 꽃과 음악을 좋아하는 사람들을 대상으로 가드닝 클래스도 진행하며 모임을 열곤 하는데, 그때마다 아내는 늘 맛있는 음식을 만들어 사람들과 나눈다. 봄에는 밖에 먹을거리가 지천이다. 왕후의 식탁을 위한 재료가 널려 있다. 우리가 산골에 온 후 알게 된 것 중 하나가 좋은 자연산 재료를 이용한 음식을 이곳 사람들이 자주 먹는다는 것이다. 우리도 역시 이에 동참하고 있다. 두릅이 이렇게 맛있는 음식인지 도시에 살 때는 몰랐다. 대관령에 귀촌한 후 예상치 못한 일이 생겼다. 들과 산에서 난 자연이 준 풀, 나물의 맛이 내 입에 착 감기기 시작한 것이다. 도시에서 자주 먹었던 치킨, 피자, 햄버거 같은 패스트푸드가 아니라 이제는 특별한 조미료를 넣지 않은 음식이 입에 붙었다. 냉이, 민들레, 엄나무순개두릅, 두릅나무순참두릅, 수리취떡취, 미역취, 고사리, 우산나물, 쥐오줌풀, 더덕, 도라지, 다래 등 봄에 자연이 주는 이 천연 향이 얼마나 좋은지 봄이 올 때마다 몸으로 느낀다.

파종과 발아, 가식, 정식, 식재, 쪽 나누기, 구근 심기, 전지 등 이 마법 같은 정원 일의 즐거움을 아내에게 모두 알려 주었더니 이제는 1급 정원사가 다 되었다. 아내는 1급 정원사이자, 엄마이자, 누나이자, 동생이다. 가장 사랑하는 동생. 나의 딸을 선물로 준 나의 여신.

카키 앵무새와 함께 종종 꽃시장에 가는 것도 나의 취미다. 문제는 내가 좋아하는 꽃을 아내가 좋아하지는 않는다는 것이다. 역시 아내가 좋아하는 꽃을 내가 모두 좋아하지는 않는다. 부부는 가끔 맞지 않는 신발을 신고 있을 때가 있다. 정원이 만들어진 이후 우리가 서울, 강릉, 원주, 파주에 갈 때마다 들르는 꽃시장이 있다. 웬만한 꽃시장은 다 가 보았지만 또 새로운 식물이 있나, 또 어떤 환경에서 이 식물이 자라나, 늘 우리에게는 관심 대상이다. 우리는 특별한 경우가 아니고서는 카페에 가지 않는다. 음식점도 거의 가지 않는다. 산골에 살다 보니 거의 집에서 해결한다. 그렇게 아낀 돈으로 식물과 책을 사곤 한다. 그것도 자주.

까칠한 정원사인 나의 아내 카키 앤무새는 나만 없으면 꽃이 진 꽃대를 무섭게 정리한다. 성격처럼 단아하게 잘라 낸다. 가끔은 꽃을 매일 품종별로 너무 깔끔하게 정리하는 아내에게 화가 나기도 한다. 물론 그렇다고 내가 매우 낭만적이고 여유작작하다고 자화자찬하는 것은 아니다. 사실 부부는 반대라서 잘 맞는지도 모른다. 성격도 다르고, 습관도 다르고, 취향도 다르고, 보는 눈도 다르다. 꽃을 골라도 한쪽은 작은 꽃을 좋아하고, 또 다른 한쪽은 큰 꽃을 좋아한다. 한쪽은 화려한 색의 꽃을 좋아하고, 또 한쪽은 차분한 색의 꽃을 좋아한다. 정반대의 취향을 가진 사람을 보며 느끼는 묘한 쾌감이 있다. 그래서 더 즐겁기도 하다. 오죽하면 부부는 상대방의 허물을 가장 잘 아는, 맞지 않는 신발을 신은, 하지만 헤어질 수 없는 사이라 그러지 않는가?

이어지는 정원

산골 소녀와 바바, 나의 사랑

"아이가 이제 큰 세상을 향해
나아갈 것 같아요."
"그래요, 우리도 마음의 준비를 해야죠."

대관령 정원도 어느덧 10여 년이 지나며 성장했다. 성장한 정원처럼 딸아이도 성장해 우리 곁을 떠났다. 우리와 함께 산골로 내려와 성장한 딸아이는 어느새 대학생이 되었고, 공부를 위해 더 넓은 세상인 캐나다로 떠났다. 아이가 멀리 떠난 뒤, 아내와 나는 며칠 아무런 말도 하지 않았다. 정원에 피어난 꽃을 보니 달덩이 같은 아이의 얼굴이 생각났다. 눈물이 나는데 막을 수가 없었다. 어려서부터 대관령의 대숲과 들판을 커다란 개 토토와 벨라와 함께 뛰어다녔는데, 하루아침에 아이가 곁에 없다고 생각하니 그 어떤 것으로도 허전한 마음을 감출 수 없었다. 눈물을 머금고 식물 키우는 일에 더 몰두했다. 아내는 아무런 말도, 웃음도 없었다. 나는 나보다 강인한 아내의 성격을 잘 안다. 아이와 함께 만든 산골의 추억을 잊지 않았기에 굉장히 힘들었지만, 이것도 자연의 순리라 생각하기로 했다. 아이와 가끔 소포와 편지를 주고받는다.

"우리 캐나다와 대관령 중 어느 곳에 첫눈이 먼저 오는지 내기할까?"
"음, 그럼 진 사람이 소포 보내고 편지 쓰기!"

딸에게 편지를 쓰며 그리그의 〈서정소곡〉 중 '회상'을 얼음장 같은 마음으로 들었다. 피아니스트 에밀 길렐스Emil Gilels의 묵직하면서도 부드러운 터치가 아름다운 산처럼 느껴진다. 영하 3도로 떨어지자 모든 잎이 데친 채소처럼 변했다. 산사나무 잎들이 함박눈이 오듯 척, 척, 떨어진다.

"아빠, 첫눈이 왔어. 이제 호수도 얼지 몰라. 탄자니아 친구를 알게 되었는데, 다음 해에 그곳에 같이 가기로 했어."

우리가 사랑하는 개 이야기도 빼놓을 수가 없다. 귀촌했으니 영국 양몰이 개인 올드 잉글리시 십독을 키우기로 했다. 이름은 벨라. 좋아하는 화가 샤갈의 부인 이름이다. 바흐를 워낙 좋아해 벨라와 산책할 때 벨라에게도 바흐의 음악을 많이 들려주었다. 나의 요한 세바스챤 바흐 '벨라'도 나와 정이 들고 친해지자 클래식을 좋아하는 것 같았다. 특히 골드베르크 변주곡, 평균율을 틀어 주면 유난히 꼬리를 흔들었다. 벨라는 온순한 목양견이다. 지금은 나의 곁을 떠났지만 벨라처럼 충성심이 강한 친구는 없었다. 무척 개구쟁이인데다가 왕자 같기도 한 벨라는 목소리가 얼마나 우렁찬지 짖으면 아랫동네까지 떠들썩해지곤 했다.
우리는 벨라를 무척이나 좋아했다. 차가운 얼음 행성에서 잃어버린 형제를 만난 것처럼 벨라를 좋아했다. 저녁이나 낮 산책을 할 때 벨라를 자주 데리고 나갔다. 알펜시아나 용평, 마을 뒷산까지 종종 걸어갔다. 아내와는 보통 다섯 바퀴를 뛰거나 걸었다. 벨라는 덩치가 커서 데리고 나가면 주위의 시선을 자주 받는다. 벨라와 마을 곳곳을 다녔다. 낮에 손님이 많을 때는 밤 산책을 하곤 했다. 딸아이와도 곳곳을 함께 다녔다. 차 뒷좌석에 벨라를 태우고 인근 목장 앞 푸른 들판, 알펜시아 리조트 안에 있는 넓은 공원, 바우길 가는 곳에 자리한 자작나무 숲길, 오대산

가는 길에 있는 아무도 모르는 전나무숲, 어느 시인이 사랑했던 한여름 도암댐 가는 길. 딸아이와 벨라, 우리 부부가 보낸 시간이 곳곳에 쌓여 있다. 벨라 이후에 우리의 친구가 된 시베리안 허스키 토토와 지금 함께 살고 있는 바바 역시 그렇다. 토토와는 너무 정이 들어 말을 꺼내기만 해도 슬프지만, 비가 내리면 날이면 종종 생각난다.

대관령의 긴 겨울을 눈부시게 만끽하는 황태자가 있다. 바로 시베리안 허스키 바바다. 이 지방 특유의 폭설이 무릎까지 쌓이는 날이면 이 시베리안 허스키는 고성능 엔진을 장착한 스포츠카처럼 알피엠을 높이며 마구 달린다. 눈이 오면 묶여 있던 근육들이 미친 듯이 펄떡인다. 나는 그 신호를 알아듣고 바바를 데리고 뒷산 산책에 나선다. 바바는 이미 달려 나갈 준비가 되어 있다. 눈이 50센티미터가 와도 이미 눈 위에서 잠을 자거나 이글루를 만들기도 한다.

눈이 쌓일수록 바바는 신이 난다. 개구쟁이의 얼굴이 되어 러시아 검투사처럼 흥분한다. 춥고 긴 겨울은 시베리안 허스키가 진정한 존재감을 발휘할 수 있는 계절이다. 수 킬로미터를 달려도 고성능 엔진 같은 심장은 더 뜨거워진다. 그래서 가끔 뒷동산이나 인근 마을에서 살아 있는 닭을 잡아 오기도 한다. 고라니, 멧돼지, 너구리, 고양이를 잡으러 미친 듯이 달리기도 한다. 피를 속일 수 없는 바바는 겨울이 오면 눈에서 무서운 스파크가 튄다. 하루만 데리고 나가지 않으면 제발 나를 데리고 나가 달라고 무언의 시위를 하거나, 자주 짖는다. 나 역시 최선을 다해 바바를 데리고 들판이나, 빈 밭, 뒷산에 자주 나간다. 가끔 체력의 한계를 느낄 때도 있다. 시베리안 허스키는 순간 가속력이 말보다 더 빠르지만 굉장히 품위 있고 우아한 동물이다. 하지만 절대 사람에게는 으르렁거리지 않는 착한 동물이다. 가끔 줄을 풀어 놓으면 우람한 바바는 우사인 볼트처럼 뛰쳐나간다. 수 킬로미터 단거리 선수처럼 달려갔다가 집으로 오는데, 이 시간만큼은 수만 평의 들판이 자기 것이다. 바바와 하는 산책은 늘 나에게 여러 의미를 부여한다. 바바와 함께 오랫동안 대관령을 산책할 수 있는 겨울이 좋다.

1. 산골에 살면서 폭설이 오면 사랑스러운 개들과 함께 뛰쳐나갔다. 딸아이는 까르르 까르르 콧물을 흘리며 크게 웃었고, 아내 역시 눈의 여신이 된 것처럼 좋아했다. 그 시간만큼은 수만 평의 들판이 우리 것이었다. 피부 깊숙이 스미는 것 같은 눈을 맞으며 매우 좋아했다. 온 세상을 가진 것처럼 우리는 그 하얀 세계를 뛰어다녔다.   2. 바바는 눈이 오면 강해진다. 그 무서운 에너지가 터져 버린다. 성인 남자도 끌려가기 일쑤다. 하지만 우리에게는 너무나도 사랑스러운 가족이자 동반자다. 바바는 눈과 겨울을 너무 좋아하며, 가끔 꼬마 손님들을 위해 눈썰매를 태워 준다. 줄이 풀리기라도 하면 한 시간을 뛰어다니기도 한다.   3. 지금은 우리 곁을 떠난 충성스러운 친구 벨라.

살바토레정원에 꽃이 피었습니다   대관령 정원사의 전원생활 예찬

글 사진   윤민혁

1판 1쇄 펴낸날   2024년 8월 16일

펴낸이   전은정
펴낸곳   목수책방

출판신고   제25100-2013-000021호
대표전화   070.8161.1255
팩시밀리   0303.3440.7277
이메일   moonlittree@naver.com

블로그   post.naver.com/moonlittree
페이스북 인스타그램   @moksubooks
스마트스토어   smartstore.naver.com/moksubooks

디자인   studio fttg
제작   야진북스

Copyright © 2024
윤민혁과 목수책방의 독점 계약에 의해 출간되었으므로
이 책에 실린 내용의 무단 전재와 무단 복제, 광전자 매체 수록을 금합니다.

ISBN   979.11.88806.56.0 (03810)
25,000원